大是文化

穩利致富
投資ESG

聯合國認證的最穩健獲利投資指標，
報酬率還贏台積電，
績效最好的 ETF 大公開。

부의 기회 , ESG 에 투자하라

韓國 ESG 專業金融學教授，超過 30 年經驗

印海旭 ── 著

林倫仔 ── 譯

CONTENTS

Chapter 5

這 5 檔社會責任 ETF，年報酬率皆超過 20%　177

Chapter 6

王者 ARK，能否主導數位 ESG 未來？　197

Chapter 7

最創新，
也最穩定的投資方式 245

推薦序

投資 ESG 軟實力，
散戶的穩定獲利之道

「股市隱者」版主、《隱市致富地圖》作者／股市隱者

ESG（環境、社會、公司治理）與投資獲利，兩者看似沒有直接相關性，那為什麼我們還需要了解 ESG ？這個問題，是我還在投資機構任職時曾有的想法。

還記得當時，部門開始規定所有分析師與經理人，在寫個股研究報告的同時，也要評估是否符合 ESG 概念。一開始我以為這只是個口號，ESG 對於一家公司的成長性與競爭力沒有直接關係，夕陽產業的公司不會因為落實 EGS，就蛻變成具有投資機會的潛力股。

但是隨著各國政府越來越注重企業的社會責任，對於是否投資有做好 ESG 的個股，我的心態也出現很大的轉變，意識到努力實踐 ESG 規範的個股，會替公司未來營運面與股價面有正面影響。最直接的原因，是當市場越來越重視 ESG 時，也開始有越來越多相關 ETF 推出，而其中**落實 ESG 的成分股，也會增加更多被動式的買盤，推升股價上漲**。

隨著人類越來越重視永續發展的概念，各國政府也不斷規範能如何永續經營與投資，而當越來越多國家達成協議，針對

ESG 提出更多具體想法，並鼓勵投資 ESG 相關個股時，也能讓遵守 ESG 的個股得到投資人的青睞，進一步拉升股價。

接著，當公司的市值越來越大，就會更有影響力，並有更多資金來執行正確的事，等於一方面能做好企業對未來的投資，另一方面也會持續對環境與社會帶來正面影響。

我很喜歡書中的一段話：「雖然投資可以讓你賺錢，但它同時也是可以實現新價值的方法。利用 ESG 投資，我們可以一邊獲利，一邊擴大社會共同價值。」

一直以來，我也認為在股市投資，對社會沒有直接的貢獻，大多數人買賣股票的目的，都是為了讓自己獲利，而非幫助某支個股的未來發展。因此，投資 ESG 是一件很美好的事，讓我們在賺錢的同時，也能顧及社會與環境利益。

目前市面上較少投資 ESG 的相關書籍，因此也讓這本書顯得格外重要。**本書除了介紹概念，也分享如何挑選 ESG 標的，並介紹全球相關的 ESG ETF、分析各種投資範例**，對於想了解永續投資的讀者來說，是一本非常值得閱讀的書。

那麼，ESG 為什麼要與 ETF 搭配使用？在 ESG 領域中，目前 E（環境）較被強調，但因為相關科技較新穎，對非專業領域的散戶而言，不易理解、變化速度極快，所以作者推薦購買 ESG ETF。

透過永續 ETF，散戶們可以明確決定投資對象，像是要選擇致力於克服氣候危機的新再生能源 ETF，還是最近大受矚目的人工智慧（AI）等創新技術，如此一來，投資效率也會變高。

ESG 概念在未來股市，肯定扮演著投資研究中不可或缺的角色，因此越早了解，就越能為自己的投資組合大大加分。

序章

ESG 投資熱，正席捲全球

在深入談論 ESG 投資之前，我想先針對「投資」這個行為本身提問。如果要擺脫只專注於報酬率的普通投資模式，轉而投入永續投資，該怎麼做？為了執行 ESG 投資，我們必須遵守幾項原則。

第一，投資人的眼光必須放遠。我們得讀出時代的潮流，並清楚知道世界現在正朝哪個方向移動。全球暖化造成的氣候危機，是全世界必須合力克服的課題，同時，第四次工業革命即將到來，因此我們更應該培養往大方向看的視野，從局部問題轉向宏觀的討論。

在正確認知情勢的情況下，一方面要具備問題意識，以解決時代重大問題，另一方面則要知道，是什麼樣的核心產業擁有能夠解開這類課題的鑰匙。

第二，我們必須長期投資。不能只顧著炒短線，應找出優質企業或基金，然後長期投資其價值。若執著於短期投資、想在短期內獲取暴利，其實和賭博沒什麼兩樣。

第三，我們應當意識到當務之急為何。人類歷史學家哈拉瑞（Yuval Noah Harari）指出，氣候變遷是人類所面臨的課題當中，最緊迫的一項。其實，**我們只剩下未來十年的時間能解決全球暖化的問題。**

　　另外，我們必須記住，投資不是技術，而是哲學以及價值追求。**雖然投資可以讓你賺錢，但它同時也是可以實現新價值的方法。**利用 ESG 投資，我們可以一邊獲利，一邊擴大社會共同價值（例如用 ESG 投資解決全球暖化）。

　　若將德國哲學家弗里德里希・尼采（Friedrich Nietzsche）對於偉大的定義，套用到 ESG 投資者身上的話，我們可以問：「投資者的偉大來自於哪裡？什麼樣的投資者很偉大？是什麼東西讓他看起來偉大？」這是因為，投資人可以透過價值投資，創造出更美好的世界。

　　尼采在 19 世紀末歐洲社會衰微之際，以「偉大的健康」為題，使人們認知到必須解決時代面臨的問題；同樣的，為了解決疫情和全球暖化等嚴重危機，我們必須成為有責任感的領導者，帶頭開創人類的未來。

　　為了戰勝氣候危機，我們要追求的不是永無止境的經濟成長，而是永續成長，而能夠實現永續成長的，就是永續投資。現在許多大國都將資金集中於再生能源上，並承諾不久將進入淨零排放（net zero）[1]的文明時代。

　　建立在再生能源之上，使創新產業之間相互作用後，將形成第四次工業革命，而第四次工業革命的快速發展，將讓文明更加進化。

　　本書奠基於我三十年來所累積的研究案例，我在其中選定五十幾個追求永續價值的 ETF——也就是 ESG ETF——來說明。

1　使所有會造成地球暖化的溫室氣體的排放接近零值。

投資 ESG ETF 既對自己有益，也能夠幫助他人。

我在本書中的主張很明確，那就是：投資 ESG ETF 的人，都懂得解讀時代潮流、辨別當前課題，並致力於解決問題。

舉例來說，像特斯拉（Tesla）執行長伊隆·馬斯克（Elon Musk）以及比爾·蓋茲（Bill Gates）這樣的億萬富翁，都懂得站出來對抗氣候變遷。另外，也有不少個人投資者為了克服氣候危機而投資潔淨能源[2]，他們幫助生產、推廣潔淨能源，使這個世界得以永續發展。

而我們這些普通散戶，也有機會成為升級版的價值投資人，也就是買入 ESG ETF 的投資人。

三十多年來，我在大學教授並研究金融學，產出了不少研究結果和論文，也累積了不少成就，然而，與我在學術上的貢獻相比，這些成就真的能解決世界上發生的問題嗎？一想到這裡，我就覺得自己的努力尚嫌不足，因此，身為金融專家的我，決定要透過本書告訴人們 ESG 的重要性。

如同韓國男團防彈少年團（BTS）在全球引起 K-pop 旋風一樣，希望在讀者之間，也能形成 ESG 投資人的文化，進而改變全世界，帶動全球投資 ESG 這一新興投資方式。

2　又稱清潔能源，指不排放汙染物的能源。

前言

穩利致富的捷徑

本書有七個章節。

在第一章，我會介紹社會責任投資（Socially Responsible Investment，簡稱 SRI），也就是 ESG 投資。首先，我會說明 ESG 的定義和現況，並帶大家了解為什麼 ESG 投資具有永續性。接著再分享投資 ESG 的理由，以及最近 ESG 急遽成長的原因。

在第二章，我會介紹何謂 ESG ETF，這是投資 ESG 的方法之一。首先，我們會先具體定義何謂 ESG ETF，並剖析世界性趨勢及其急速增長的原因。接著再一起思考，為什麼 ESG ETF 是最適合永續發展目標的投資方式，同時介紹 ESG ETF 的不同等級，還有相關選股策略和十年展望計畫；到了最後，我會再分享我挑選 ESG ETF 的方法。

在第三章，我會從管理規模來介紹排名前 10 的全球 ESG ETF。先從報酬率分析這些 ETF 的基本資料，了解 ESG 和報酬率的關聯性，然後再和一般 ETF 的報酬率比較，藉此說明你為何應該投資 ESG ETF。

第四章將介紹宗旨為戰勝氣候危機的 21 檔 ESG ETF，我將它們分為八個組別來具體分析。

此外，我還會介紹 2020 年 12 月發表的 ETF.com（ETF 相關

權威網站）報告，該報告中列出報酬率前 20 名的 ETF，而我介紹的 21 檔 ESG ETF 中，有 10 檔在前 20 名中。藉此，我將證明 ESG ETF 的報酬率績效相當優秀。

在第五章，我會介紹強調企業社會責任的 ESG ETF，像是主要推行兩性平等、多元性等價值，且致力於實踐平等之企業的 ESG ETF。

第六章則提到利用 ESG 創新來持續發展的永續投資。具體來說，我會在這章分析引領 ESG 投資創新先鋒的方舟投資（ARK Invest），從其代表性的 ETF，來探討 ESG ETF 的績效。

在最後一章，也就是第七章中，我會提出三個要點：第一，介紹推動 ESG 的新投資組合理論；第二，強調四個 ESG 的哲學和原則；第三，說明 ESG 投資為什麼是綠色新政[1]和數位新政[2]的核心動力，也就是第四次工業革命的動能，以及為什麼這是戰勝全球危機的唯一方法。

從古至今，人類在解決當時遭遇的問題（例如疾病）時，總是會尋求與過去不同的策略，而在這個過程中，會形成新的典範。想要成為先進國家、找到新的金融之路，我們需要全新的視野，而那個視野就是 ESG 投資。

目前正在威脅人類生存的問題，除了氣候危機外，也不能不提到 2020 年爆發的新冠疫情。全世界都瀰漫著對於死亡的恐懼，不僅公司和學校關門、政府下令封城，人民、城市和國家也

---

1   韓國政策，為因應氣候變化及環境危機所推動的綠色經濟政策，包含推動城市基礎建設綠色轉型和建構綠色產業創新生態體系等。

2   韓國政策，推動數位創新和相關技術，包含 AI 及大數據。

一度陷入癱瘓狀態。

但是人類不屈服於病毒的威脅，現在正慢慢的克服當前危機。不過，在不久的將來，仍很有可能再次出現沒有解藥的不明病毒，為人類帶來比新冠病毒更嚴重的災難。

新冠疫情和氣候危機，讓我們回頭好好檢視了自己的生活；其實，從這個角度看來，疫情給了我們一個難得的機會，使人類可以朝更好的生活跨出第一步。疫情不僅改變了全世界的經濟和社會，也引起人類文明的變化。

至於投資方面，我們則必須思考在後疫情時代，市場會如何發展。到目前為止，以新自由主義（neoliberalism）[3] 和資本主義為主、效率及資本導向的價值觀盛行，而在後疫情時代，環保、永續成長、生命等，將成為新的價值觀。現在我們應該關注的，不是永無止境的經濟成長，而是永續成長，因為**只有永續成長能拯救地球**。

我們必須以全新的視角看待投資這件事，而我們的面前，擺著 ESG ETF 這項武器。永續投資正一點一點的改變世界，只要利用 ESG ETF，就能創造更好的未來，現在就付諸實行、改變世界吧！

3　強調自由市場的機制，反對國家干預國內經濟、管制商業行為和財產權。

Chapter 1

最符合潮流的
新價值投資法

　　ESG 究竟具有什麼樣的意義？在這個章節，我們會先定義什麼是 ESG，介紹全球投資現況，同時說明為什麼 ESG 代表著永續投資。另外，我還會從各層面探討，為什麼我們得趁早搭上這波趨勢，並分析 ESG 快速成長的理由。

01

ESG 就是
環境、社會、公司治理

什麼是 ESG？與 ESG 相關的用語，包含社會責任投資和道德投資（ethical investing）；另外，永續投資、影響力投資（impact investing）或是強調環保愛地球的綠色投資（green investing）也相當常見。

雖然用語五花八門，但它們在某種程度上意思是一樣的。簡單來說，人們在決定是否投資時，不僅會看企業的基本面，還會同時考慮到 ESG——環境、社會、公司治理等影響企業永續性的非財務要素，分析過後才買進價值型股票。

在這邊，我再更詳細的說明一下組成 ESG 的要素。E 是環境（environment），代表和氣候變遷、碳排放、資源枯竭、環境汙染、新再生能源、環保產品等相關的議題；S 是社會（social），包含了勞動環境（包含奴工和童工）、地區社會發展、利害衝突、健康與安全、僱傭關係與多元性等因素；G 是公司治理（governance），與高階職員薪水、賄賂及貪腐、遊說、股東權益保護、董事會結構與活動、監察制度等議題相關。

這些組成要素參考了聯合國（UN）責任投資原則（Principles for Responsible Investment，簡稱 PRI）[1]，ESG 的組成要素

一邊隨時代潮流進化，一邊與各種要素結合，前面提到的要素僅為舉例說明，並不局限於此。

圖表 1-1　ESG 要素

環境	社會	公司治理
・氣候變遷 ・碳排放 ・飲用水等資源枯竭 ・環境汙染 ・新再生能源和環保產品	・奴工、童工等惡劣勞動環境 ・地區社會發展 ・利害衝突 ・健康與安全 ・僱傭關係與多元性	・高階職員薪水 ・賄賂及貪腐 ・政治遊說和政治獻金 ・董事會結構與活動 ・稅金等監察制度

* 資料來源：聯合國責任投資原則。

　　過去在選擇投資機會時，傳統財務指標是一項重要的標準，但後來選擇標的的條件逐漸轉移到企業的清廉和倫理，以及企業政策給社會和環境生態界帶來的影響，而 ESG 投資就是在這個時候登場。

　　簡而言之，這意味著影響企業永續性的非財務議題，也會反映到投資決策上。

　　像是 2021 年，全球最大資產管理公司貝萊德（BlackRock）宣布撤回化石燃料[2] 相關營收比重較高之企業的投資資金，並對

1　聯合國自 2005 年起，開始邀請全球大型機構投資人來制定並簽署責任投資原則，目標是設計一套全球通行的架構，將永續議題整合到投資策略中。

2　亦稱礦石燃料，包括煤炭、石油和天然氣等天然資源。

ESG 等級低的企業行使議決權（voting interest）[3]，甚至積極投資低碳、新再生能源等環保相關企業。

ESG 淘金熱，橫跨歐美，來到亞洲

2000 年，聯合國為了提高企業的永續性，創設了聯合國全球盟約（United Nations Global Compact，簡稱 UNGC）[4]，而 ESG 這一用語，首次出現於聯合國全球盟約 2004 年的報告《在乎者即贏家》（*Who Cares Wins*）。之後，ESG 成為全世界金融投資的新標準，其歷史至今將近二十年。

2019 年歐洲的酷暑、澳洲和加州的森林大火，以及目前在全世界流行的新冠病毒，這些嚴峻的情況使 ESG 更受矚目；使用 ESG 相關資料來判斷是否投資的全球資產價值，在 2020 年 6 月達到 40.5 兆美元（按：全書美元兌新臺幣之匯率，皆以臺灣銀行在 2022 年 5 月公告之均價 29.3 元為準，約新臺幣 1,186 兆元），該價值幾乎是四年前的 2 倍，也超過八年前的 3 倍。

2021 年 2 月 23 日，根據彭博行業研究（Bloomberg Intelligence）[5] 的分析顯示，全球 ESG 相關資產管理規模，若是能維持過去五年來年平均 15% 的平均成長率，2025 年預計將會增加到 53 兆美元以上。

以地域來看，歐洲約占全球 ESG 資產的一半，美國則出現

3　股東出席股東大會並參加決議的權利。

4　為企業營運策略與政策所制定的 10 項普遍原則，包含人權、勞工、環保及反貪腐等領域。

5　全球商業、金融資訊及新聞資訊提供商彭博有限合夥企業（Bloomberg L.P.）旗下的研究分支。

相當快速的擴張趨勢，2020 年 ESG 相關資產管理規模已經超過 17 兆美元。下一波增長浪潮則在亞洲，且可能從日本開始。

ESG 債券市場的情況又如何？ESG 債券大致可分為電動車、潔淨能源、低碳等改善環境的綠色債券（green bond）[6]，解決補助社會弱勢階層、建構社會基礎建設如醫療、教育及住家等社會問題的社會責任債券（social bond），以及結合這兩類特殊目的債券的永續發展債券（sustainability bond）。

尤其在新冠疫情襲捲全球之際，社會責任債券資產規模暴漲，在 2020 年底達到 2 兆美元，全球 ESG 債券市場的規模大幅成長。而目前，ESG 債券市場規模為 2.2 兆美元，若市場成長速度能保持過去五年來的一半，那麼專家預測在 2025 年，市場規模將擴大到 11 兆美元。

除此之外，為了恢復疫情造成的衝擊，企業、開發項目及中央銀行所主導的 ESG 債券，仍會持續成長。

歐盟（EU）為了補助企業創造就業機會，承諾將投入 1,000 億歐元（按：全書歐元兌新臺幣之匯率，皆以臺灣銀行在 2022 年 5 月公告之均價 30.4 元為準，約新臺幣 3.04 兆元），並承諾將支援 2,250 億歐元以重建疫情受災區；美國總統喬‧拜登（Joe Biden）曾表示，為了發展新的能源策略，將投資 2 兆美元。與此同時，將在 2023 年到期的中國綠色債券，則為發行新債券提出充分的動機。

6　又稱氣候債券，相對新穎的定息金融產品，為舒緩氣候變化問題的項目集資。

圖表 1-2　ESG 歷史：ESG 全球投資資產

ESG 的歷史	
2000 年	設立聯合國下屬機構聯合國全球盟約（UNGC）。
2002 年	成立碳揭露專案（CDP）。
2005 年	UNGC 將 ESG 採用為正式用語。
2006 年	制定聯合國責任投資原則。
2010 年	ISO（國際標準化組織）發表「企業社會責任指引」（ISO 26000）。
2011 年	設立永續會計準則委員會（SASB）。
2015 年	發表聯合國永續發展目標（SDGs），締結《巴黎協定》（Accord de Paris）。
2016 年	設立全球報告倡議組織（GRI）。
2017 年	成立氣候行動100＋（Climate Action 100＋）全球投資人倡議組織。
2019 年	美國商業圓桌會議（Business Roundtable，簡稱 BRT）[7] 宣布走向「兼顧利害關係人權益的經營」；歐盟發表《歐洲綠色政綱》（European Green Deal）[8]。
2020 年～ 2021 年	達沃斯世界經濟論壇「利害關係人資本主義」的實踐宣言和重新確立。

7　由美國大型企業執行長組成的非營利協會。

8　目標為在 2050 年成為實現氣候中和的經濟體。

那麼，ESG 共同基金[9] 和 ESG ETF 的狀況又如何？在歐洲發跡的 ESG 淘金熱現在正擴散到全世界，據基金評鑑機構晨星（Morningstar）表示，歐洲的 ESG 基金成長速度快到讓人確信——**ESG 將成為未來投資的主要指標。**

《金融時報》（*Financial Times*）稱，截至 2020 年底，歐洲基金當中轉為投資 ESG 的基金達 253 個，2020 年整年新推出的 ESG 基金達 505 個。據此，晨星統計出去年歐洲 ESG 相關資產管理規模，創下史上最高值——1.1 兆歐元，這幾乎占整體歐洲基金資產的 10%。

另外，全球 ESG ETF 及指數型基金[10] 資產預計將增加近原本的 8 倍，從 2020 年 5 月 31 日的 1,700 億美元增加到 2030 年的 1.1 兆美元以上，如此強烈的成長態勢有望持續下去。

人們對於 ESG 投資的關注度，也可以從最近 PRI 的持續增長中看到。

請見下頁圖表 1-3，由根基於歐洲的機構投資者帶頭，PRI 簽署機構所管理的資產，在 2006 年成立時不及 6 兆美元，但到了 2020 年第 1 季，竟增長至 103.4 兆美元。

除此之外，在 2019 年增加了 20% 後，到 2020 年第 1 季，機構超過 3,000 家，上升超過 28%。PRI 的持續增長，使許多資產所有者和投資公司越來越重視 ESG 的觀點。

---

9 集結眾多投資人的資金，由專業投資機構負責管理操作的投資工具，投資人彼此承擔風險、共同分享利潤。

10 不透過經理人主觀判斷，遵循固定股票指數規則做買賣的基金，屬於被動式投資。

圖表 1-3　PRI 簽署機構數量

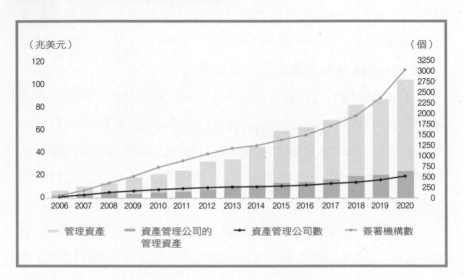

10 位散戶中已有 8 位開始投資

2020 年，摩根士丹利（Morgan Stanley）的永續投資研究所（Institute for Sustainable Investing）問卷調查結果顯示，人們的資產管理方式正在迅速變化。參與調查的 110 個北美、歐洲與亞太金融機構、保險公司、年金及其他大規模資產所有者中，有 **95% 的受訪機構之持股組合，全部或部分已納入、或正在考慮納入永續投資。**

而根據上述問卷調查，主要趨勢大致可歸納成五項：第一，永續投資的重要性日益擴大。如今，10 位投資人中就有 8 位正在將 ESG 納入整體投資流程、或納入部分投資組合中，這一數值在兩年內增加約 10%。

創造出這種增長趨勢的動力，主要在於 ETF 持股的需求增

加、財務收益的潛力和全球 ESG 政策與規定的變化。追求永續
的人們，可以獲得響亮的名聲和眾多利害關係人的共鳴，還能對
環境和社會造成正面影響，此外，財務績效幾乎都會提升。

第二，ESG 是可以評定永續性的好工具。將近一半的受訪
者都回答，創造社會和環境報酬的重要性，相當於創造財務報
酬；另外，有 80％ 的受訪者同意，ESG 可以改善企業的長期投
資業績。另一方面，ESG 相關資料普遍不足，也是阻礙永續投
資發展的原因之一。

第三，偏好主題式投資和影響力投資的散戶，將氣候變遷、
環境汙染、塑膠廢料等環境問題視為 ESG 的核心，且認為環境
問題優先於社會經濟問題。

第四，接觸永續投資的方式中，最普遍、也最受歡迎的是
ESG 整合。問卷調查結果顯示，在 10 位受訪者中，有 9 位在分
析企業財務的同時，還會關注積極考量 ESG 標準的企業，這一
數值較 2017 年增加了 41％。

另外，10 位受訪者中，有 8 位會篩選投資標的，例如使用
負面表列（negative screening）[11] 或基於企業價值的投資篩選
等，在武器、菸草與煤炭相關投資中最普遍使用的方法。報告
稱，大部分投資者，有 78％ 的股票投資人和 69％ 有固定收入的
人，都表示對永續投資感興趣，以有固定收入的群體來說，有快
一半的人買入綠色債券、永續債券或債券基金[12]。

11　篩選出與同產業的其他公司相比，ESG 得分較低的公司，在構建投資組
　　合時避開。

12　基金裡 80％ 以上的資產是債券的基金。

　　第五，參與問卷調查的資產所有者當中，有三分之二是組織的主要利害關係者，他們想仔細了解 ESG 整合、影響力投資和各種主題式投資。

　　疫情衝擊動搖了全世界，如今，所有人努力接受疫情後的新常態，但在努力接受新標準的同時，世界也在快速的改變。摩根士丹利的問卷調查，讓我們看到一個明確的結論——作為投資考量，永續性是公司未來的核心價值之一。

02

你買的是績優股，
還是罪惡股？

為什麼要投資 ESG ？大體來說，我可以舉出六個理由：為了實踐投資人的信念、為了改變自己和世界的利他精神、得到更高的報酬率、應對氣候變遷、促進永續發展的動力，同時可以提高企業價值。

接下來，讓我們更詳細的了解每一個理由。

首先，投資 ESG 讓投資人有機會實現自己相信的價值。ESG 投資的起源是宗教信念的「道德投資」，該時期可追溯至 1920 年代。

在美國還是英國殖民地的時期，貴格會（Quaker）[13]、監理宗（Methodism）[14] 等基督教門派信徒基於宗教信念，將奴隸買賣與菸酒、賭博、殺傷性武器之製造與販賣等違背宗教價值的行業，從投資對象中排除，實踐所謂的道德投資，而這就是 ESG 投資萌芽的開始。

在此之後，ESG 投資正式開始發展，從 1960 年代到 1980

13　基督教新教的派別之一。
14　又稱循道宗或衛斯理宗，為基督教新教的主要宗派之一。

年代，宗教團體、市民團體、大學依循自己的宗教信念、道德價值觀和社會價值，實現了道德投資。

仔細觀察 ESG 投資萌芽的過程，我們可以明白其根本原則為何。**ESG 投資的大前提在於，不僅要藉此獲得高報酬，也必須實現非財務性的價值。**這一價值結合多個層面，換句話說，它結合了所有道德、社會及環境價值的廣泛概念。

我們先來思考道德價值，ESG 投資提供具體的實踐策略，讓我們能追求一個更美好的社會。

舉例來說，如果有一間公司製造菸草、酒類、賭博、色情產品或殺傷性武器等，行事風格違背你的宗教信念或社會價值，那你可以採取什麼行動？

這時候，你就可以運用負面表列來篩選，從投資對象裡排除特定產業或企業，來實現你相信的價值。

舉個例子，江南[15] 有很多超大型教會，假設在那些教會工作的有錢基督教長老，因為賭場股很容易上漲，且菸、酒公司的股利多，因而買入這種「罪惡股票」（sin stock），那這種投資行為是否符合信仰？

追求信仰、道德價值的教會領袖，可以認為福音的價值和投資是兩回事嗎？如果你是信奉某個宗教，而且很追求道德價值的信徒，遇到菸、酒或博奕公司的股票大漲，報酬率日益增加的情況，你真的能撇開視線，只投資追求社會價值的企業嗎？

這個問題對信念和金錢利益提出根本性的疑問，就像這樣，信仰（價值）和生活（投資）若不一致，在多數情況下很容易遭

15　位於韓國首爾的商業精華地區，類似臺北信義區。

他人指責。

　　我們再舉一個例子。投資規模達 2 兆美元的聖母瑪利亞共同基金（Ave Maria Mutual Fund），是全球規模最大的天主教共同基金。這顧名思義是為宗教投資者提供的社會責任型基金，它服務的對象是天主教投資者，適用宗教性篩選，將參與胚胎幹細胞研究、製造色情產品的企業或與墮胎有關的企業，從投資對象嚴格排除。

　　ESG 投資不僅以這種方式從投資對象中排除酒類、菸草、大麻、勞動剝削、博奕、武器製造販售等反社會價值型企業，還進一步的透過正向表列（positive screening）[16]，幫助我們能夠實現自己相信的道德價值。

　　正向表列適用於環境、社會和公司治理等所有領域。比方說，在氣候變遷相關議題上獲得模範績效、實施優秀僱傭政策、在治理等方面社會貢獻度高、透過改善經營以提高組織透明度的企業，它們的環境價值、道德價值、公司治理價值或社會價值偏高，可以實現投資人的信念。

　　為實現價值投資，我們需要轉換思維。企業應該先領悟到，當企業以身作則、守護環境價值時，收益會增長，企業價值也會變大；最後，在選擇標的時，散戶便會認為自己買入的股票也應該符合自己相信的價值。

　　像這樣，ESG 便能從投資組合的構成要素之一，轉成所有投資組合的必備項目。

16　以投資標的的 ESG 因子及財物績效作為判斷依據，在某個特定產業類別中挑選表現最優異的公司。

和傳統型投資相比，報酬率其實更高

在報酬率方面，投資 ESG 也能帶來令人滿意的成果。許多傳統投資者一方面認同 ESG 的重要性，另一方面又因為抱持著偏見，認為 ESG 的報酬率不高而遲遲不肯投入。

在這裡，我將引用近期發行的四份研究報告，來證實 ESG 投資的優越性。

首先，是 2019 年發布的摩根士丹利研究報告。該報告針對超過 1 萬檔 ESG 基金和傳統型基金的績效進行比較，而其結果顯示，ESG 基金的投資報酬率更高。

該報告還比對了 ESG 指數上表現水準最高的代表，MSCI KLD 400[17] 以及標準普爾 500 指數（S&P 500）[18]，並分析兩者的投資績效，研究期間為 1990 年至 2018 年，標普 500 的年均報酬率為 9.7%，而 MSCI KLD 400 的年均報酬率則為 10.2%，顯示 ESG 投資績效比一般市場投資績效要來得高。

有趣的是，標普 500 總投資金額的十分之一以上，都投入在化石燃料、菸草及槍枝等項目上。

不僅如此，晨星 2020 年 5 月的報告指稱，過去五年有多個 ESG 持股組合之報酬率凌駕於績效指標 MSCI ACWI 指數[19] 的報酬率。

如下頁圖表 1-4 中所示，晨星表示，從 2015 年 3 月到 2020 年 3 月，包含市場因新冠大流行而停滯的期間，有 4 檔 ESG 基金的報酬率超越現有績效指標 MSCI ACWI。

截至 2020 年，追求 ESG 的四個 MSCI 指數，全都在第 1 季超越了基準指標市場。

晨星的報告顯示，包含新冠疫情襲捲全球的時期在內，近

五年來 ESG 投資持續創下高報酬率，即便在疫情期間曾短暫下跌，ESG 評價分數較高的企業依然屹立不搖，創下相對較高的利潤。

另一項近期發表的研究結果也相當有意思，請見第 33 頁的圖表 1-5，施羅德投資（Schroders）[20] 在 2020 年 4 月 30 日到 6 月 15 日間，調查逾 2.3 萬名來自全球 32 個國家的投資者

圖表 1-4　對比評估基準和 ESG 基金之報酬率

	MSCI ACWI（績效指標）	ESG Universal	ESG Focus	ESG Leaders	SRI
一年累計報酬率	-21.3	-20.1	-20.6	-19.9	-18.4
一年	-10.7	-8.4	-9.2	-8.5	-5.2
三年	2	3	3	3	4.9
五年	3.4	4	4.3	3.9	5.1

* 單位：%。
* 調查期間：2015 年 3 月 31 日 ～ 2020 年 3 月 31 日。

17　全名 MSCI KLD 400 社會責任指數（MSCI KLD 400 Social Index），於 1990 年成立，是美國第一個以環境、社會及公司治理性議題為篩選準則的指數。

18　簡稱標普 500，美國股票市場最古老也最具代表性的指數之一，也是最多投資人會參考的指數。

19　該指數成分股涵蓋已開發國家和新興國家的大型和中型股，大約追蹤 2,900 檔股票、涵蓋 48 個國家。

20　英國一家歷史悠久的資產管理公司。

之看法，發表了〈2020 年施羅德全球投資人大調查〉（Global Investor Study 2020）。

過去許多散戶都擔心，若持續追求永續性，可能會反倒犧牲報酬率，但從此報告看來，有 42％ 的投資者回答，他們之所以持續進行永續投資，是因為相信這麼做的報酬率更高，這一項事實非常振奮人心。

另外，平均有 77％ 的投資者稱，就算有其他報酬率更高的標的，在投資時也不會背棄個人信念。沒錯，很多因素都會在選股過程中影響到你，而個人價值觀也是因素之一，對大多數人來說，這是無法妥協的標準。

該問卷的結論很明確，那就是——**報酬率不是一個人是否投資的決定性因素**。如今，人們想在投資時反映出自身價值觀，也有越來越多人正在尋求方法，想藉由投資打造一個永續社會。

最後，近期有資料顯示，ESG 投資的報酬率較傳統型投資高。目前全世界管理中的 ETF 超過 6,000 支[21]，其中追求社會責任的 ETF，也就是 ESG ETF，截至 2021 年 2 月不過只有五百多支，但即使處在 2020 年疫情危機當中，ESG ETF 的報酬率依然優秀。

比方說，2020 年一整年績效最好的前 20 名 ETF 中，就有 4 支是與創新技術相關的 ESG ETF；而前 20 名 ETF 中，有 10 支是追求環境、永續性以及再生能源的 ESG ETF。這 10 支 ESG ETF 的年度累計報酬率達 94％～180％，其中報酬率最高的是投

---

21 根據世界上最成功的統計資料庫之一 Statista 的數據表示，截至 2021 年，全球共有 8,552 支 ETF。

圖表 1-5　2020 年施羅德全球投資人大調查結果

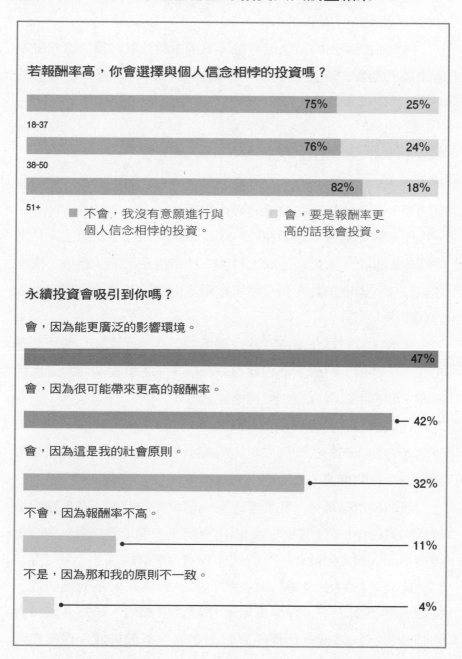

若報酬率高，你會選擇與個人信念相悖的投資嗎？

75% 　25%

18-37

76% 　24%

38-50

82% 　18%

51+

■ 不會，我沒有意願進行與
個人信念相悖的投資。

■ 會，要是報酬率更
高的話我會投資。

永續投資會吸引到你嗎？

會，因為能更廣泛的影響環境。

47%

會，因為很可能帶來更高的報酬率。

42%

會，因為這是我的社會原則。

32%

不會，因為報酬率不高。

11%

不是，因為那和我的原則不一致。

4%

資太陽能相關產業的 Invesco 太陽能 ETF（TAN），足足高達近180%，請見下見圖表 1-6。

我們由此得出的結論很清楚，追求永續性就必須放棄報酬率是錯誤的論點，而且我們每年都透過數據資料，得到更確實的佐證。

避免氣候災難的最有效辦法

讓我們回到前面所提的問題，為什麼要投資 ESG？另一個原因是，這是應對氣候變遷的最佳對策。

全球暖化的根本原因在於，現代基礎文明建立於以工業化為開端的石油上。人們在地球上打洞、不斷挖掘石油並燃燒，使地球被汙染、溫度上升，如今環境被嚴重破壞，甚至到了難以恢復的程度。

那麼，我們為什麼應該關注環境問題並負起責任？環境問題在政治、經濟、科學上都相當複雜難解，不過針對氣候變遷這個議題，我們可以再度聚焦於利他主義上。

在氣候暖化方面，ESG 投資最重要的起因是利他主義。環境問題會為我們的後代帶來更大的災害，而我們唯有同時兼顧現在和下一代的生活，才能解決氣候暖化造成的環境問題。

新冠疫情落幕後，我們會面對一個重要的問題：在重建崩潰經濟的過程中，我們要回去依賴化石燃料，還是要打造永續綠色經濟？而人類文明的存亡，取決於我們怎麼選擇。

此外，新冠疫情更凸顯我們必須應對氣候變遷的迫切性，在這樣的氛圍之下，許多專家的預測都很樂觀，認為各國將會加強政策，以轉型至低碳經濟。控制溫室氣體排放、保護熱帶

圖表 1-6　2020 年績效最好的 ETF

排名	交易所代碼	基金名稱	年報酬率
1	ARKG	ARK 生物基因科技革新主動型 ETF	185.32%
2	TAN	Invesco 太陽能 ETF	179.35%
3	PBW	Invesco WilderHill 乾淨能源 ETF	162.00%
4	ARKW	ARK Next 物聯網主動型 ETF	150.77%
5	QCLN	First Trust 納斯達克 Clean Edge 清潔綠能指數 ETF	149.12%
6	ARKK	ARK 新興主動型 ETF	148.25%
7	IBUY	Amplify 網路零售業 ETF	112.22%
8	PBD	Invesco 全球乾淨能源 ETF	112.10%
9	IPO	Renaissance IPO ETF	110.43%
10	ACES	ALPS 乾淨能源 ETF	108.95%
11	KGRN	KraneShares MSCI 中國清潔科技指數 ETF	107.37%
12	ICLN	iShares 全球乾淨能源 ETF	104.88%
13	CNRG	SPDR 標普 Kensho 乾淨能源 ETF	104.76%
14	ONLN	ProShares 網路零售業 ETF	104.58%
15	LIT	Global X 鋰電池技術 ETF	101.83%
16	OGIG	O'Shares 全球互聯網巨頭 ETF	101.57%
17	WCLD	WisdomTree 雲端運算 ETF	101.41%
18	ARKF	ARK 金融科技創新主動型 ETF	101.33%
19	XVZ	iPath 標普 500 動力波動率指數 ETN	96.64%
20	SMOG	VanEck 低碳能源 ETF	93.97%

* 資料來源：ETF.com。

* 截至 2020 年 12 月 14 日，累計 YTD（year to date，為計算日與去年底相比的變動率）的總報酬率（total return）。

雨林等，壓制氣候變遷必須花費的金額，預計為每年 1,500 億到 2,000 億美元，雖然復原及保護生態界在短期內所費不貲，但從長期來看，這是相當優秀的投資。

科學家們主張，若積極實踐綠色復甦政策來阻擋全球暖化，例如將世界 GDP 的 1.2%（1 兆美元以上）投資到低碳技術，或是不再補助化石燃料公司等，就能將地球的平均溫度降低約攝氏 0.3 度。

投資低碳及再生能源，是應付氣候危機的最佳方法，未來學者傑瑞米·里夫金（Jeremy Rifkin）曾斷言，建立綠色新政（Green New Deal）[22] 和投資 ESG，並不是應對氣候危機的選擇「之一」，而是不管人類願不願意，都會見到的未來。

現在我們正從化石燃料產業，轉移到以再生能源產業為中心的綠色經濟，資產管理公司和退休基金等機構投資者們也開始投資再生能源，也就是說，**退出化石燃料產業，轉而投入再生能源的動向，正在全世界迅速擴張中**。

根據全球退休基金資產配置研究（Global Pension Assets Study）指出，全球退休基金在 2021 年達到 57 兆美元，占大部分金額的美國、英國、荷蘭、日本和加拿大等主要國家之退休基金機構投資人，很多都從化石燃料撤資，同時將資金轉移到再生能源；現在，其實正在展開資本主義史上最大規模的撤資與投資活動。

截至 2020 年，包含世界級大都市和工會在內，有 37 個國家、一千多家機構投資者們從化石燃料產業中撤走 8 兆美元的基

22　在此指各國用來解決全球暖化和貧富差距等問題的一系列立法方案。

金[23]，並將投資聚焦於將引領我們走向淨零排放的環保能源、清淨技術和商業模式。

公共及民間退休基金從化石燃料相關產業中，回收大規模資金，並重新投資在智慧綠色經濟領域的戲劇性發展，可說是社會資本主義時代的前兆[24]。

總的來說，隨著 ESG 從市場邊陲逐漸成為核心，市場的觀點出現了根本性的轉變，而這就是化石燃料的退場策略。

接下來，我們要投資 ESG 的另一個理由，在於 ESG 永續發展的動力。但具體來說，永續發展究竟是什麼？根據聯合國解釋，永續發展（sustainable development）是在不阻礙未來世代的基礎下，滿足當下世代要求的發展。

換句話說，永續發展等於「可以滿足當世代的需求，但不能破壞未來世代的可能性，並且實現人類社會和周遭環境的和諧，尋求自由發展的機會」。而且永續發展並不是改變一個領域或政策就做得到的事情，人類必須改變整個格局；聯合國為了人類共同的未來，強調社會上每個人要扮演的角色，同時提出各領域的目標和經營方式。

但是，還有一個重要的問題：「為什麼永續發展的動力是ESG？」讓我們舉一個以永續發展為目標的 ESG 投資為例。

聯合國資本發展基金（UNCDF）[25] 為了減少世界貧困與財

23　根據《日本經濟新聞》報導，截至 2021 年底，全球有 1,502 家機構宣布將部分或全面出售化石燃料資產。

24　摘自里夫金的《全球綠色經濟新政策》（*The Green New Deal*）。

25　為 46 個最低度開發國家（Least developed country，簡稱 LDC）提供公共和私人融資服務之組織，以減少貧困和支持地方經濟發展。

政困難，推出一支宗旨為拯救世界的 ESG ETF。

　　如果透過 ETF，不僅能將股東收益最大化，還能籌到支援東非坦尚尼亞小型地區農場的資金，你覺得怎麼樣？如果透過 ETF，可以將烏干達的食品市場現代化、提供尼泊爾中小企業行動支付和行動銀行功能，不是很好嗎？不過，實際上真的做得到嗎？

　　這就是非營利 ETF 發行公司 Impact Shares 推出的──Impact Shares 永續發展目標全球股票 ETF（SDGA），所追求的目標。不同於過去在投資時盲目追求利潤，SDGA 賺錢是有目的的，比起利潤的多寡，更重視生活品質，並具體的將投資運用為擴大優質永續生活的手段。

　　據聯合國所述，永續發展的目標是打造全民優質教育以及永續開發城市，這類全球社會與經濟政策目標的藍圖。

　　UNCDF 集中支援世上最貧窮的 46 個國家，而 SDGA 則投資提供或販售這些國家產品的公司，而且它們都是 ESG 領域最優秀的明星企業。

　　SDGA 主要配置資本給跨國大企業，幫助他們開發地區供應鏈、創造就業機會、支援低開發地區的經濟基礎建設。

　　這些企業努力將產品賣向更好的地方，同時也致力於改善當地的就業、教育和人權問題。像這樣，永續生活品質的變化，取決於 ESG。

天災、戰爭、金融海嘯，都不影響 ESG 股價

　　我們要投入 ESG 的最後一個理由，是 ESG 會提高企業價值。ESG 和企業績效有什麼關係？好好實踐 ESG 的公司，也就

是 ESG 等級高的企業，績效或企業價值都很高。MSCI（明晟）[26] 作為指數提供者，會根據企業在經營和投資上反映出的 ESG 要素，提供評級和分數，而這份分數最少會透過三個管道影響企業的價值績效。

第一是估值管道。其邏輯非常簡單，首先，ESG 等級高的企業，相較之下系統性風險（systematic risk）[27] 較低，而這也代表資本成本（cost of capital）[28] 較低，反而和現金流折現法（discounted cash flow，簡稱 DCF）[29] 連結起來，也就是說，較高的 DCF 展現出較高的未來價值。

ESG 等級高的優質企業，可以享受較低的資本成本，而 ESG 分數越低，債務成本（cost of debt）[30] 就越高，為什麼？

關於一間公司的 ESG 概況和資本成本的關聯，有許多經驗研究（empirical research）[31]，近期 MSCI 研究結果顯示，比起 ESG 等級較低的公司，等級較高的公司系統性風險較低，也就是比較不受多數企業或產業的危險所干擾[32]。

26　舊名為摩根士丹利資本國際（Morgan Stanley Capital International），是全球相當具影響力的指數編列公司，該機構編制的 MSCI 指數，為全球投資專業人士參考的指標。

27　又稱為不可分散風險或市場風險，如天災、戰爭、金融海嘯等，投資人無法透過分散投資組合來減少或消除的風險。

28　市場為將資金引入某個投資項目而所要求的預期回報。

29　透過預估一家公司未來的現金流，換算成現在的價值折現，用來評估企業的合理估值。

30　公司為其當前債務支付的有效利率。

31　又稱實徵研究，以經驗作為證據，透過直接和間接的觀察或經驗來獲得知識的方式。

32　MSCI, 2022.02.25,〈MSCI Reference: ESG and the Cost of Capital〉

即使是用資本資產定價模型（Capital Asset Pricing Model，簡稱 CAPM）[33] 計算，也顯示出同樣的結果。系統性風險越低，資本成本就越低，同樣的，經驗研究結果顯示，ESG 等級高的公司，平均負債費用低於等級低的公司。

總的來說，在這個實驗中，若以 ESG 分數評價，分數高的企業之公司費用，較評價差的企業少了幾乎 2%。

第二是動能管道。企業的高 ESG 等級降低系統性風險，使加權平均資金成本（Weighted Average Cost of Capital，簡稱 WACC）[34] 較低，進而出現提高企業價值的效果。

那麼，WACC 又是什麼？WACC 依各類型資本比例，計算使用加權值之企業的資本成本，這些資源還包括普通股、特別股、債權和其他長期負債。

你可能會想問，為什麼企業的系統性風險高，就會花上許多資金成本、導致企業損失？**ESG 等級低或完全不實行 ESG 的不良企業，可能招致相當巨大的損失；**因不確實實踐 ESG 而陷入爭議的公司，還會因股價暴跌，導致投資人賠錢。在過去六年，因為和主要 ESG 有關的爭議，造成美國大公司的市值出現至少5,340 億美元的虧損，這就是最好的說明[35]。

第三是盈利管道。等級越高，越能提高企業競爭力，創造更高的盈利，而且這也能誘導企業發配更高的配息。據調查表示，

---

33 現代金融市場價格理論的支柱，廣泛應用於投資決策和公司理財，主張投資組合的報酬率只跟系統性風險有關。
34 計算資產風險與預期收益率的模型。
35 US Equity and Quant Strategy, 2020, FactSet.

包含標普 500 指數內的美國企業，過去五年間，在 ESG 排名中占前 5 名的企業，比倒數 5 名的公司，每年盈利至少領先三個百分點以上。

高等級的企業，員工滿意度和企業生產性也會提升，使競爭力增加，進而創造更多收益[36]。

如果說，過去我們在投資前，關注的是該企業的資金流量和經營績效等財務因素，但如今這個世界考慮的價值，意義變得更為廣闊。

人們關注的，不是單純會賺錢的企業，而是傾向於關注忠實履行社會責任的善良企業，配合這樣的趨勢，人們對集結了正在實踐 ESG 企業的 ESG ETF，關注度越來越高，再加上其報酬率優異，也進一步鞏固 ESG ETF 的價值。

ESG 投資同時考慮到財務及非財務要素，藉由判斷企業風險來決定是否買入，就這點看來，ESG 投資今後也將持續受到矚目。考慮到千禧世代重視社會價值的特性，ESG 投資的環境很顯然將會繼續擴大，而社會、企業、消費者還有投資者，也都在改變。

36　Think Num, 2018.9.28, FactSet.

03

各國政府與機構
一同推動的永續革命

在全球永續投資聯盟（GSIA）每兩年發布一次的《全球永續投資報告》（*Global Sustainable Investment Review*）中，我們可以看到透過考量環境、社會和公司治理的 ESG 投資策略，所管理的資產規模。舉例來說，資產規模在 2018 年達到將近 30.7 兆美元，這個數值和 2016 年相比，成長了約 36%[37]。

最近**世界面臨新冠疫情危機，ESG 投資規模卻遽增**。根據 ESG 來推動投資決策的全球資產規模，在四年內增加將近 2 倍，八年內增加為將近原來的 3 倍以上，於 2020 年達到 40.5 兆美元。

隨著 ESG 成為人們的投資時參考的重大要素之一，ESG 也成了近來大家關注的話題。針對最近二十年來 ESG 投資的急速成長的趨勢，我們可以怎麼解釋？

首先，原因在於制度。ESG 投資會成為全球機構投資者的主流選股原則，PRI 發揮了關鍵性的作用。

37　根據 GSIA 於 2020 年發布的《全球永續投資報告》，當年全球 ESG 資產規模為 35.3 兆美元，與 2018 年相比，成長了約 15%。

為了改善企業的透明化管理和社會責任，2006 年 4 月，在聯合國前祕書長科菲・安南（Kofi Annan）的全力支持下，聯合國環境金融倡議（United Nations Environment Programme Finance Initiative，簡稱 UNEP FI）和聯合國全球盟約合作，讓三十多個國際金融機構簽署，宣布 PRI 的成立。

PRI 的六大原則

1. 我們會將 ESG 議題融入投資分析與決策。
2. 我們會成為積極的股東，在政策訂立和實行上納入 ESG 議題。
3. 我們敦促投資機構適當公告 ESG 議題。
4. 我們致力於使投資產業接納並實施此原則。
5. 我們會合力實施這些原則，藉此提升效果。
6. 我們會報告任何與此相關的活動及進展。

PRI 基本上將 ESG 這類非財務性要素，視為分析和決定投資的過程中必須考慮的重要因素，是為了支援機構投資者，讓他們可以減少類似議題帶來的風險、實現長期收益而開發的。

隨著 PRI 在 2006 年啟動，投資者革命和新的變化浪潮出現，這在日新月異的資本市場中也可見一斑，人們越發關注 ESG 議題，也越來越意識到其重要性的認識逐漸普及，簽署 PRI 的機構數量急速增加。

簽署 PRI 的機構可分為資產所有者、資產管理者、服務提

供者三大類型；在 2006 年，一開始簽署 PRI 的有 48 個資產所有者、30 個資產管理者、12 個服務提供者及責任投資研究機構等，但是，在 13 年之後，於 2019 年 5 月增加至 406 個資產所有者、1,567 名資產管理者，以及 264 個服務提供者及責任投資研究機構，出現驚人的成長。

截至 2020 年 3 月 31 日，簽署 PRI 的機構達到 3,000 個以上，總資產超過 100 兆美元，其中包含加州公務員退休基金（CalPERS）、荷蘭公教人員退休基金（ABP）、加拿大退休基金（CPP）等世界最大退休基金，以及三菱 UFJ、瑞士再保險（Swiss Re）等。

主要資產管理公司有滙豐（HSBC）、摩根大通（JPMorgan Chase）、法國巴黎銀行（BNP Paribas）、安聯（Allianz）、高盛（Goldman Sachs）等；投資專門機構及 ESG 資訊提供機構等專門服務提供者則有 Innovest、法國 Vigeo Eiris、美世（Mercer）、德國 Oekom、英國富時指數（FTSE）等加入。

在韓國，包含國民年金在內，有大信經濟研究院、Praxis Capital Partners、VI AMC Korea、ESG MONETA、ANDA 資產管理公司、Who's Good、Sustinvest 等 8 間公司加入[38]。

IT 創新，使散戶清楚看見績效

果不其然，IT 創新為 ESG 投資的成長做出很大的貢獻。看著 ESG 投資逐漸成長，也曾聽到各界人士的批判，他們認為

38　取自韓國以數據為基礎的永續經營網路媒體 IMPACT ON，該網站提供各種 ESG 相關資料。

ESG 投資的增加趨勢只是一時的；但是，在過去十五年內，ESG 投資得力於 IT 創新，呈現出驚人且不斷的上升趨勢。

IT 革命使演算法變得很發達，人們用精密的機器學習演算法，對無數個 ESG 相關大數據做更加縝密的分析，投資人也變得更容易看到企業的 ESG 績效。

根據 2018 年 MSCI ESG 調查報告，現在績效評價公司可以一次處理超過 1.18 萬項發行機構資訊，其中包含 6,400 間企業以及它們的一千多間子公司；這使 ESG 相關資料透明化，而且這也是以前完全無法想像的進步。另外，**熟習科技和社群媒體的千禧世代快速崛起，也加速了 ESG 投資的成長。**

公開非財務性資料的義務化，也和 IT 創新一同幫助其茁壯。歐洲從 2018 年開始，就規定擁有 500 名以上員工的企業，必須公開非財務資訊；而韓國則在 2019 年以後，要求資產總額達 2 兆韓元以上、上市於韓國綜合股價指數（KOSPI）的公司，必須揭露治理情況，讓散戶也能輕鬆接觸到 ESG 資訊[39]。

在智慧型手機等數位設備包圍之下成長的千禧世代，善於透過社群媒體溝通，他們在購物時會先上網搜尋，比較出 CP 值高的商品再購買，並想辦法以非「擁有」的其他形式來接觸服務或商品，而這就使利用共享經濟（sharing economy）[40] 的消費模式

39　韓國金融監督委員會在 2018 年底修訂韓國交易所發布的規定，要求資產超過 2 兆韓元的 KOSPI 上市公司揭露公司治理報告。並自 2030 年起，逐步強制所有 KOSPI 上市公司公開永續發展管理報告。

40　一種共用土地、人力、資本與企業職能的社會運作方式，包括不同個人與組織對商品和服務的創造、生產、分配、交易和消費的共享，如共享行動電源。

得以發展。

　　順應此趨勢，資產管理者和晨星等研究機構為了使 ESG 投資成長茁壯，努力使用 IT 創新技術。2020 年 4 月，晨星收購了 ESG 評級與研究領域的領導品牌 Sustainalytics，而主要指數提供業者之一的 MSCI，在適當利用 IT 創新後，成為全球最大的 ESG 指數與研究業者。隨著市場熱度越來越高，ESG 基礎建設持續不斷的改善。

　　此外，結合數百萬筆數據的 AI，使 ESG 投資決策的速度變得更快；隨著第四次工業革命正式開始，AI 技術成為改善 ESG 指標的核心動力，使用 AI 的技術持續增加，在此趨勢之下，由於 ESG 資料的特性，文字挖掘（text mining）[41] 等高度化大數據分析技術尤其受到矚目。

　　通常，評價 ESG 的要素，比起收益性、成長性、穩定性、估值等財務資料，多為難以數值化的非結構化資料（unstructured data），因此，就像 ESG 永續報告一樣，ESG 需要依靠非數字的質量評價，而這使得文字挖掘等優質技術的需求更趨迫切。

　　例如，為了有系統的蒐集和分析美國 CNBC 商業頻道與方舟投資執行長的訪談、散戶的社群網站、網路上的企業評價等資訊，我們就可以使用文字挖掘和網路探勘（web mining）[42] 的技術。

41　又稱文字探勘或文本探勘，透過各種文本分析的技術，擷取文本涵蓋的資訊或知識。
42　利用資料探勘（data mining）技術，從網路資料中分析、發現並挖掘出有價值的資訊及知識。

而隨著機器學習（ML）[43] 等資料分析技術發展成熟，雲端等資料儲存費用越來越便宜，學者們也預測用來分析 ESG 的大數據會逐漸擴大。

最後，由於 ESG 投資的未來，的確很難和某一個人對社會責任的信念完全一致，所以許多人預測 ESG 投資，將來會發展成幫投資者高度量身訂做的 ESG 選擇權（Option）[44]。

從重視發展到重視價值

全球投資人口的分配，正因 ESG 的成長動力而產生變化，而且是以準備將財產留給子女的嬰兒潮世代[45] 為中心開始改變。

將財富從嬰兒潮世代轉移到他們的子女，預計會成為今後十年間，推動 ESG 投資成長的潛力。依照財富的轉移，ESG 投資將成為所有投資組合的主流，而且還可以期待這樣的變化，因為政府規範及機構投資者的積極參與而更加擴大。

ESG 投資的風險管理和長期價值創造能力，對機構投資者來說相當有魅力，而且，不僅如此，對個人投資者來說，ESG 投資也是個優越的選擇。

隨著歷史上最大的代間財富轉移（上一代的錢留給下一代）開始，受惠於此的千禧世代想靠投資讓世界變得更好，所以更加關注 ESG，希望能藉此對社會產生影響。

43　著重於建立能根據所使用資料來學習或改善效能的系統。

44　一份衍伸性金融商品契約，買賣方可視狀況於未來再選擇是否要交易的權利。

45　第二次世界大戰結束後觸發嬰兒潮，即 1946 年～1964 年出生的人。

《代間轉移：2019 年家族財富轉移報告》（*A Generational Shift: Family Wealth Transfer Report 2019*）指出，到 2030 年，淨資產超過 500 萬美元的個人，預計將會轉移 15.4 兆美元的全球資產。在北美，到 2030 年止將有 8.8 兆美元被移轉，歐洲占 3.2 兆美元，亞洲則占 1.9 兆美元。

專門從事資產管理的美國研究諮詢公司 Cerulli Associates 表示，嬰兒潮世代在今後的二十五年間，預計將留給繼承人和慈善團體近 48 兆美元；除此之外，若算進 1965 年到 1980 年間出生的 X 世代，那麼在下一個二十五年內，美國家庭將會轉移 68.4 兆美元。

ESG 成長會如此急遽，是因為市場（個人投資者、機構投資者、政府）對於永續投資的要求日益增加。至於促成 ESG 投資急速崛起的動力，源於千禧世代的需求；擁有更多樣化訴求的新世代投資人，積極的向企業提出自己的要求，並試圖從永續投資裡，找出投資組合的核心解決方案。

美國的退休基金和機構投資者，大幅增加投資 ESG 的資金，尤其是機構投資者，在這方面扮演了相當重要的角色。

不過，他們會這麼做，與其說是基於義務，不如說是基於顧客需求及預測市場規模即將擴大的心態，使他們更集中於投資 ESG。

最近，有越來越多大型機構投資者要求公司建立永續性相關策略。全球三大資產管理公司貝萊德、先鋒領航（Vanguard）和道富公司（State Street），以及大型機構投資者加州公務員退休基金、加州教師退休基金（CalSTRS），以及日本、瑞士、荷蘭政府管理的公共年金基金等，都不斷談及永續性的問題。

　　為了因應散戶和機構投資者的要求，貝萊德在 2020 年初提出以下方案：「貝萊德計畫將把被動 ESG 為主的 ETF 增加至原來的 2 倍、推出無化石燃料的持股組合、開發和改善新永續指數，並積極策畫方案，聚焦全球能源轉換和影響力投資。另外，我們預計會將 ESG 納入資產配置策略中，並建立 ESG 目標和行程計畫。」

　　機構投資者顯然知道，ESG 會使報酬率上漲，而且不僅如此，他們也非常了解 ESG 的核心價值：責任投資可以解決社會問題，讓世界變得更好。

　　因此，全球金融地圖正在快速改變，舉例來說，投資再生能源的浪潮現在正急速擴散，而在這裡，我們必須關注的是擁有超過 40 兆美元的全球退休基金機構投資者。

　　大多數的退休基金機構投資者，在資本主義展開史上最大的資金撤退和投資倡議時，**將資金從化石燃料產業中撤出，並移轉至再生能源。**

　　舉個具體的例子，隨著化石燃料產業的投資資金被擱淺資產（stranded asset）[46] 束縛、數百萬名勞工的退休基金被消耗殆盡的可能性變大，美國退休基金機構開始回收資金。

　　美國各州從石油化學產業等化石燃料部門，以及依賴化石燃料的相關產業回收公共退休基金，然後重新投資到組成綠色產業中，而民間退休基金也做了相同的行動[47]。

46　因市場或外在情勢的變化，而使投資標的失去其應有的價值。
47　取自里夫金的《全球綠色經濟新政策》。

　　最後，政策的影響力也越來越大，政府要求全球大規模機構將資本投入永續投資，並請相關規範機構主導決策。此外，各國政府亦興建新再生能源基礎設施、培育相關產業，藉此全面調整能源結構，朝著綠色新政的再創新邁進。

Chapter 2

ESG 如何評比？
ETF 夢幻組合怎麼選？

　　在這一章，我們會了解什麼是 ESG ETF，並分析目前受全球矚目的 ESG ETF 與其成長因素，同時會介紹挑選 ETF 時的重要標準——— ESG 等級。有了這樣的背景知識之後，我會再說明為什麼 ESG ETF 比普通 ETF 更適合永續投資。

01

用一次簡單交易，
買進所有優質企業

能夠像股票一樣交易的 ETF，是 Exchange Traded Fund 的縮寫，又稱為指數股票型基金，可說是全球金融市場劃時代的創新。

簡單來說，ESG ETF 就是追蹤 ESG 基準的指數股票型基金，也可以稱為追求 ESG 社會責任的 ETF。聯合國貿易暨發展會議（UNCTAD）[1] 明確將 ESG ETF 用以下兩個原則定義。

第一，當 ETF 基金的名字明確包含 ESG 這一詞時，就視為 ESG ETF。例如美國最大的 ESG ETF 基金：iShares ESG 感知 MSCI 美國 ETF（ESGU）。另外，如果有使用 ESG 相關用語，像是 SRI（社會責任型投資）、永續投資或影響力投資等，也都算是 ESG ETF。

第二，縱使 ETF 的名稱沒有 ESG 三個字母，但如果出現太陽能（solar）、潔淨能源（clean energy）、低碳（low carbon）等相關主題的話，也被視為 ESG ETF，如 TAN、iShares 全球乾淨能源 ETF（ICLN）等。

1　簡稱貿發會議，為聯合國常設機構，主要處理貿易與經濟發展問題。

　　那麼，投資 ESG ETF 有什麼好處？首先，ESG ETF 可以發揮 ETF 本身的諸多優點，像是，**它像股票一樣容易交易，若和基金相比，手續費非常便宜，而且還可以用來做分散投資，降低風險**。

　　此外，它就和股票一樣，每天交易的內容、價格、交易量和資訊都很透明，還可以用小額輕鬆投資。更重要的是，ESG ETF 讓你可以投資多樣領域產業，來追求自己相信的價值。有潔淨能源為主題的 ETF，也有投資太陽能的主題 ETF，而投資人應該著重的是這些主題的成長性。

　　ESG ETF 管理公司的專業管理人員會透過客觀分析，將該領域中流動性豐富、成長前景優秀的企業設定為投資對象，因此，投資人只需要專注在該領域的未來成長性就好。舉例來說，散戶們可以明確的決定投資對象，像是要選擇致力於克服氣候危機的新再生能源部門，還是最近大受矚目的 AI 和創新技術，如此一來，投資效率也會變高。

　　ESG ETF 的另一個優點，和其他 ESG 投資相同，散戶不僅可以透過 ESG ETF 來改變世界，展現個人的道德觀和價值觀，還可以獲得報酬。

　　近幾年來，ESG 投資發揮相當大的拉力，為富有責任感的管理公司帶來資金與聲響，幫助其成長，具有長期影響社會或環境變化的潛力。

　　從收益性看來，ESG ETF 也相當具有魅力。很多人一想到 ESG，就覺得必須犧牲一定程度的財務績效，也要很有社會責任感，然而，永續問題會影響企業成長，從長期來看，倫理性較優良的企業，更有望取得優秀的績效。

　　若你想投資道德股票，那就可以**透過 ESG ETF，輕鬆將投資組合多樣化，用一次簡單的交易，買入已經接受 ESG 審查的多家公司，減輕個別選擇、分析之後才根據結果投資的麻煩。**

超過 6,000 檔 ETF 中，
太陽能基金績效穩居榜首

　　首先，只要仔細觀察全球 EFT 市場，就會發現截至 2020 年底，總共有 6,518 檔受管理的 ETF 正在運行中，管理資產規模達 7.6 兆美元左右。據分析，即使是在 2020 年新冠疫情的影響之下，股市情況依然驚人，隨著投資者加快流入速度，市場刷新新紀錄。

　　另一方面，ESG ETF 市場的成長也相當大，2002 年第一支 ESG ETF──iShares MSCI 美國 ESG 精選 ETF（SUSA）推出後，永續 ETF 的數量和類型都不斷增加，隨著越來越多散戶選擇符合核心價值的標的，從 2019 年開始，ESG ETF 的資產規模也急速增加。

　　據全球 ETF 分析平臺資料顯示，占 ETF 一部分的 ESG ETF 資產，於 2020 年在全世界幾乎增加到原來的 3 倍，光在一年之間就達到 223％ 的成長率，並於 2021 年 1 月初創下了 1,890 億美元的紀錄，而且有 552 檔 ESG ETF 達到這個數字。

　　一年內，全球 ESG ETF 流入 970 億美元，2020 年新推出將近 200 個 ESG ETF，根據全球獨立 ETF 分析平臺 Trackinsight 資料顯示，ESG 投資的資產規模將達數兆美元。

　　當然，隨著 ESG 領域的競爭越趨激烈，未來肯定會有更多發行公司進入 ESG ETF 的市場。

　　根據 2020 年彭博行業研究表示，美國 ESG ETF 淨流入額為 277 億美元，和去年的 80 億美元相比，增加超過 3 倍以上；而 2015 年的淨流入額只有將近 4 億美元，該數字戲劇性的反映出，這五年來世界出現了多大的變化。

　　從績效來看，ESG ETF 也展現了卓越的成長。截至 2020 年 12 月，這一年績效最高的前 20 名 ETF 名單中，就包含了 14 檔 ESG ETF。具體來說，是包含了 10 檔與氣候變遷有關的永續 ETF，以及 4 檔方舟投資的創新型 ESG ETF。

　　前 20 名中，由太陽能 ETF——TAN 穩居榜首，由此可知，投資人對永續性越來越關注，因此，流入 ESG ETF 的資金也在快速增加中。

　　帶動 ESG ETF 快速增長的因素，可以概括成三點。第一，散戶對永續投資越來越感興趣，而且也有許多證據顯示，相比一般 ETF，永續投資更能有系統的創下高報酬率。

　　第二，為鼓勵永續投資，各國都強化相關規定。需要公開 ESG 資訊的證券交易所數量，從 2009 年的 2 間增加到 2019 年的 24 間，各國證券交易所皆開始提供更專業化的 ESG 商品及方針，永續標準逐漸成為散戶做決策時不可或缺的衡量方式[2]。

　　第三，過去十年來，隨著技術漸趨發達，ESG 資料的可用性提升，市場也越趨透明，投資者們可以輕易看見每間企業的 ESG 績效。

　　此外，也有人提出，應該要更縝密的分析 ESG 相關大數

2　取自法國巴黎銀行，2019 年。

據，作為關鍵動力的 AI 技術，在改善 ESG 指標上備受矚目。

　　這種趨勢的背後，有指數和基金提供業者的支持，因為他們專門應對永續投資和被動投資[3] 增長需求。

永續 ETF 的核心標準，源自 SDGs

　　SDGs（永續發展目標，Sustainable Development Goals），是為了解決全球貧窮問題、實現永續發展所提出的人類共同 17 項目標。

　　2015 年 9 月由聯合國通過，設定的是 2016 年至 2030 年間，聯合國與所有國家要一起達成的事項：SDGs 由 17 個目標組成，其中又包含 169 個細項，結合了環境、經濟、社會統合三大領域，首要追求的是「以人為中心」的價值。

　　哥倫比亞大學教授傑佛瑞・薩克斯（Jeffrey Sachs）強調，SDGs 是解決貧窮問題、減少社會上的不平等，以及實現環保永續成長最全面的方法。

SDGs 的 17 項目標

1. 終結貧窮：消除所有地區一切形式的貧窮。
2. 解決飢餓：消除飢餓，確保糧食安全，達成營養改善，強化永續農業。

3　不做任何研究和預測，一次持有整體市場上所有標的，等於購買 ETF。

3. 健康與福祉：確保及促進健康生活與福祉。

4. 優質教育：確保有教無類、公平以及高品質的教育，增進終身學習機會。

5. 性別平等：實現性別平等，並伸張婦女權益。

6. 淨水及衛生：確保水和衛生的永續管理。

7. 可負擔的潔淨能源：確保所有人都可以取得負擔得起、可靠且永續的現代能源。

8. 合適的工作及經濟成長：促進包容且永續的經濟成長，讓每個人都擁有良好的工作機會。

9. 工業化、創新及社會基礎建設：建立具有恢復力的社會基礎建設，促進並創新包容且永續的工業。

10. 解決不平等：減少國家之間的不平等。

11. 永續城市及社區：建設永續城市和定居住所。

12. 負責任的消費和生產：確保永續的消費和生產模式。

13. 氣候行動：採取緊急行動應對氣候變遷及其影響。

14. 保育海洋生態：保育及永續利用海洋資源，藉此達到永續開發。

15. 保育陸域生態：保護、恢復和促進陸域生態系統的永續利用。維護森林、防治荒漠化、制止並扭轉土地退化，以及終止生物多樣性的喪失。

16. 和平、正義及有力的制度：增進和平及包容的社會，以促進永續發展，讓所有人都能訴諸正義，建立有效、負責且包容的制度。

17. 擴大地球村夥伴關係：建立全球夥伴關係，以強化執行手段，達成永續發展。

若要將永續當成投資標準，那我們就必須仔細檢視永續等級或 ESG 等級。**ESG ETF 的永續等級，普遍比普通 ETF 要高，績效通常也非常優秀。** ESG ETF 不僅能讓投資者買進與自身追求的價值相符的企業，更重要的是，還可以配合聯合國通過的永續發展目標來調整投資方向。

為建立 ESG 等級，投資顧問公司 MSCI ESG Research 評估企業的標準，為是否有顧及環境問題和社會責任的影響力投資，以及公司治理行為是否良好。包含超過 1.18 萬家股票和債券發行商、綜合出 40 萬檔以上的個別證券，該機構利用此研究結果，提出兩萬四千多檔 ETF 和共同基金的 ESG 分數、評級或永續等級。

那麼，ESG ETF 真的是適合永續發展的投資手段嗎？和普通 ETF 相比，為什麼更適合？大致有以下四個原因。

其一，為了促進永續發展，我們需要動員大量資金支援，同時還必須考慮到投資人的喜好；在快速成長的永續金融市場中，散戶選股時越來越在意 ESG 要素。雖然目前和整體 ETF 市場相比，ESG ETF 的市場規模較小，但追蹤 ESG 標準的 ETF，有可能發展為永續開發的大宗市場投資手段。

其二，ESG ETF 可以調整方向，配合側重於永續發展目標的投資。2021 年 2 月貿發會議調查顯示，目前與聯合國的永續發展目標有直接關聯的 ESG ETF 占 41％，其中應對氣候危機的基金最多，占三分之二。

這些應對氣候危機的 ESG ETF，按照 SDGs 集中投資於新再生能源、減少碳排放等目標上，以促進永續成長。截至 2021 年 2 月，有 490 億美元的管理資產，投資目標為應對氣候危機的

ESG ETF，這一事實相當令人振奮。

另外，以可負擔的潔淨能源為目標的共有 18 檔，而與性別平等相關的 ESG ETF 則有 13 檔。

其三，ESG ETF 更進一步的依不同主題，提出具體的投資方式。像是低碳排放、永續成長、開發潔淨能源、發展太陽能、增加風力能源使用量、尋求電池電力技術創新、減少化石燃料使用等，我們有各式各樣的投資方法可以參考。

其四，過去十年內，將 ESG 相關主題當作明確對象，根據 PRI 和聯合國全球盟約提出的永續標準來選擇組成企業的 ETF 不斷增加，這樣的增長趨勢，其實背後的主導人，是 ESG ETF 的最大投資集團——機構投資者。

據推測，保有相當規模資金的機構投資者，將產生巨大的影響力，使 ESG ETF 能夠長期創下豐碩的財務績效。

02

永續 ETF 的組合方式：
整合、正向、主題、負向表列

根據貿發會議 2020 年的報告顯示，ESG ETF 相關投資策略可分為四種：第一，整合策略；第二，正向表列篩選；第三，ESG 主題策略；第四，負面表列篩選。

接著，我們來一個個細看：

1. 整合策略

在評價企業價值階段，整合並分析財務與非財務性 ESG 資訊，**商品名稱中包含 ESG 的 ETF，一般皆屬於此範圍**。如貿發會議 2020 年報告中所示，221 支 ESG ETF 中有 88 支使用 ESG 整合策略，占了所有 ESG ETF 的 40%，規模最大。

2. 正向表列篩選

又稱為產業別最佳選股（best-in-class screening），在特定產業或各種領域中，根據永續績效篩選出最佳或領先的企業，就像是在同一業種裡，選擇 ESG 分數在前 50% 的公司。

依照此策略組成的 ESG ETF，通常包含超過既有 ESG 標準的 SRI，以及永續投資或影響力投資等永續相關用語。在 221 支

ESG ETF 中，有 69 支使用正向表列策略，占了整體的 31%，規模第二大。

3. 主題策略

以聚焦在永續性的 ETF 為主軸，尤其以潔淨能源、再生能源、綠色技術等環境相關主題為主；使用主題策略的 ESG ETF，在 221 支 ESG ETF 當中有 49 支，也就是占了整體 ESG ETF 的 22%，規模第三。

4. 負面表列篩選

負面表列，是將不遵循 ESG 標準的企業或特定產業，從投資選項中排除的策略。比方說，**在建構持股組合時，將不符合 ESG 標準（如有販賣菸草、軍火、大麻）的標的排除。**

若依照負面表列選股，就能有意識的將不符合國際規範最低基準的企業或產業排除在外；這裡所指的國際規範，有《聯合國工商業與人權指導原則》（UNGPs）[4]、聯合國全球盟約原則、經濟合作暨發展組織（OECD）的指導原則等。

全球永續投資聯盟則將是否有遵守國際標準，藉此建構持股組合，另外分類為規範性篩選（norms-based screening）。使用負面表列篩選策略的 ESG ETF，在 221 支 ESG ETF 當中有 15 支，占整體的 7%，規模第四。

4　防止商業活動對人權產生不利影響，要求跨國公司和其他工商企業提出保障人權的指導原則。

　　永續投資，未來將成為所有人的主要投資方式。根據貝萊德所做的市場動向調查，預測投資於永續發展的外匯交易基金資產，將從 2020 年的 250 億美元，增加到 2028 年的 4,000 億美元；而且，因為這個調查結果，貝萊德改變其公司的投資方向，轉將資金注入 ESG ETF 之中。

　　另一方面，與貝萊德一同主導 ESG 投資市場的道富公司，預測全球 ESG ETF 和指數基金規模，到了 2030 年，將增長至 1.3 兆美元以上（2020 年為 1,700 億美元），有望增長至原來的 8 倍，比貝萊德預測的規模要大上許多。

　　除此之外，貝萊德也曾預計，永續 ETF 在所有 ETF 中的占有率，在 2028 年將增加到 21%（2020 年為 3%）。

03

ETF 這樣選股，
找出績優組合

隨著永續投資受到散戶們的關注，將焦點放在 ESG 上的 ETF 逐漸增加。同為 ESG 投資人，我想先提出這個根本性的問題：「我們為什麼要用 ETF 來投資 ESG？」

與個股相比，ESG ETF 擁有許多 ETF 該有的優點，光是這點就非常吸引人。具體而言，ESG ETF 和普通 ETF 一樣有這六項魅力：一、像股票一樣容易交易；二、手續費較普通基金便宜；三、分散投資，風險較低；四、持股組合透明公開；五、可以用小額投資全球資產；六、能夠快速應對近期趨勢和議題。

充分發揮這種優點的例子，有方舟投資推出的 4 支 ETF，即 ARKG（ARK 生物基因科技革新主動型 ETF）、ARKW（ARK Next 物聯網主動型 ETF）、ARKK（ARK 創新主動型 ETF）和 ARKF（ARK 金融科技創新主動型 ETF），在第六章，我會再深入談論方舟的這幾支 ETF。

晨星的永續研究部門全球總監霍姐斯・比歐伊（Hortense Bioy），整理出在選擇 ESG ETF 時，應該參考的八個標準。

第一，**要觀察該 ETF 著重的重點和追蹤指標為何**。首先，散戶應該檢視基本指數、ESG 相關指標重點，以及 ETF 的使

用指標是否和自己追求的價值一致。舉例來說，在環境指標部分，有二氧化碳排放強度、化石燃料埋藏量及綠色收益（green income）[5] 等選擇。

由於每個指標各自反映不同的企業屬性，因此，基金的組成會依照使用指標而有所不同。

第二，必須考慮到 ESG ETF 裡排除了什麼領域。除了考慮 ESG 要素以外，不少 ETF 還套用某種價值或規範上的篩選標準，而我們則必須評估這些被排除在指數之外的領域，是否和自己的信念相符。一般會被排除的項目，包含與菸草、酒類、軍火、博奕相關的罪惡股票。

第三，散戶必須檢查 ESG ETF 有無偏好任何產業或地域，因為 ESG 分數會因而有所不同。仔細觀察地域偏好，就能發現歐洲市場在永續方面的評價為全球最高，新興市場[6] 的得分則相對較差；產業偏好方面，石油及天然氣的 ESG 分數較低，但技術性產業和 AI 因為業務性質，分數則較高。

第四，由於 ESG ETF 結合大範圍市場，因此需要觀察有無追蹤誤差（tracking error）[7]。其實，ESG 分數很高、範圍廣泛多元、追蹤誤差低，這三者不可能兼得。

舉個例子，許多散戶喜歡「單純」的 ESG，但代價是投資組合過度集中，導致追蹤誤差較高；相反的，想要分散核心投資

5　從環保經濟活動中獲得的收入。

6　人均年收入為中下等水平、資本市場不發達、股票市場價值只占 GDP 很小部分的國家或地區。

7　一段時間以內，ETF 報酬率與所追蹤指數報酬率之差距的波動或者變異程度。

組合的散戶，則必須在 ESG 持股純度上妥協，藉此保留組合多元化的好處，同時減低追蹤誤差。在這種情況下，可以使用優化技術，將誤差降至最小。

第五，要檢查該基金是否溢價[8]。ESG ETF 的手續費通常比一般 ETF 高，尤其是一些推出較久、以水或潔淨能源這類特定主題組成的基金更是如此。

第六，務必考慮過去績效。ESG ETF 收益性很高是眾所皆知的事實，如 ETF.com 於 2020 年 12 月的報告所示，**與再生能源相關的 ETF 報酬特別高**。

說起以獲利高為名的 ETF，就會想到 Invesco 納斯達克 100 指數 ETF（QQQ）、史坦普 500 指數股票型基金（SPY）和 iShares 核心標普 500 指數 ETF（IVV）等，而我們也應該要聰明的拿 ESG ETF 和這些代表性 ETF 比較。

第七，我們要注意該 ESG ETF 是否有做到盡職管理（stewardship）的責任。身為股東，我們應該選擇負責任的資產管理公司，因為資產管理公司能行使主要決議權，所以要選擇針對多種 ESG 議題與企業合作，能夠支持更好的做法，影響企業做出正向改變的管理公司。

尤其是在選擇包含落後股的 ETF 之前，與積極行使所有權的資產管理公司合作尤為重要。

第八，判斷該 ESG ETF 和永續性有多密切相關。散戶必須客觀評價這檔 ETF 實際在永續發展方面貢獻了多少、和市場其

8　當交易價格市價超過了 ETF 本身的淨值（代表買家願意用更高的價格購買），就稱為溢價，反之則稱為折價。

他選項相比誰比較優秀、差距多大等，做這些功課絕非易事。

　　為了幫助散戶理解這些基金的永續程度，晨星創立「晨星永續投資評級」（Morningstar Sustainability Rating），根據被編入 ESG ETF 的企業有多麼符合各式 ESG 標準，來評估基金。

績效最亮眼的
十大 **ESG ETF**

近來 ESG ETF 投資熱潮興盛，2020 年，ESG ETF 在美國交易所創下亮眼績效。隨著散戶對 ESG ETF 的喜好度上漲，就像在呼應這樣的期待一樣，部分 ESG ETF 的報酬率出現爆發式成長，Vanguard ESG 美股 ETF（ESGV）與 iShares ESG MSCI 美國領導者 ETF（SUSL）皆創下 52 週的新高，ESG ETF 的績效非常亮眼。

01

看風險、報酬，還有永續等級

　　在第三章，為了深入分析 ESG ETF，我挑選了資產管理規模前十大的 ESG ETF，透過比較分析前 10 名，我會將焦點放在以下三個部分。

　　第一，分析 10 檔 ESG ETF 基本資料，包含上市日期、管理費用、管理規模、追蹤指數[1]、本益比、股價淨值比、持股數以及與之競爭的 ETF。在這之中尤其要關注報酬率，分析 10 檔基金中哪一檔的績效最優秀。

　　第二，將焦點放在 MSCI 提供的 10 檔 ESG ETF 的 ESG 指標（metrics）。ESG 指標由 ESG 評級、ESG 分數和碳強度[2]組成，也就是以這三項標準為基礎，分析 10 檔 ESG ETF。

　　這裡有個重要的問題，那就是：「是否每支基金的 ESG 評級越高，報酬率（績效）就越好？」我們可以從各種角度去分析，針對這個問題的假設進行測試。

　　第三，比較分析前 10 名 ESG ETF 和傳統型 ETF。實踐 ESG

1　用一個指標當成某個基金的比較基準。
2　單位 GDP 的二氧化碳強度。

整合策略的 ESG ETF，報酬率會比一般傳統型 ETF 要優秀嗎？
這一提問可以讓我們得知投資 ESG ETF 的理由。為此，我們將
比較 10 檔全球 ESG ETF 和 1 檔傳統型 ETF——IVV，比較分析
它們的資產規模、管理費用、報酬率、ESG 評級、ESG 分數和
碳強度等。

全球 ESG 評比機構是如何給予評價的？**評量 ESG 等級的目
的在於提供透明性，讓散戶可以進一步了解持股組合中的 ESG
特性，並客觀判斷其永續水準，確實估計其排名**，而最具代表性
的 ESG 評比機構是 MSCI。

截至 2021 年 1 月，MSCI 將全球五萬三千多檔各式各樣的
共同基金和 ETF 組合在一起，為了編製這些基金的 ESG 分數和
指標，將全球數量超過 68 萬檔的股票和債券，以及超過 8,500
間上市企業依行業分類，評比它們與環境、社會責任、公司治理
相關的經營現狀，藉此分配 ESG 等級。

基本上，MSCI 的 ESG 等級，可用來測量投資組合在環境、
社會及公司治理因素之下的長期性風險。ESG 等級共由七個等
級組成，分別是 AAA、AA、A、BBB、BB、B 和 CCC；最佳等
級為 AAA，而最差為 CCC。

另外，這七個等級又可分為三類，分別是領先（AAA、
AA）、平均（A、BBB、BB）和落後（B、CCC）。根據 MSCI
的分類，等級越高的 ETF，越能改善 ESG 相關風險，這樣的基
金可以戰勝 ESG 風險引起的困境，其回復力和彈力較強。MSCI
不僅評價股票、債券、貸款和共同基金，還評價 ETF 及各國的
ESG 等級。

那麼，具體來說，MSCI 如何決定 ESG 等級？MSCI 每年為

圖表 3-1　MSCI 的 ESG 關鍵議題

領域	10 項主題	37 個 ESG 關鍵議題
環境	氣候變化	碳排放、產品碳足跡、融資對環境的影響、氣候變遷的應對性
	自然資源	水資源、生物多樣性與土地利用、原物料採購
	汙染及廢棄物	有毒物質排放及廢棄物、包裝材料及廢棄物、電子廢棄物
	環境機會	潔淨科技的機會、綠能建築的機會、再生能源的機會
社會	人力資源	勞工管理、健康與安全、人力資源發展、供應鏈勞工規範
	產品責任	產品安全與品質、化學品安全性、金融商品安全性、資訊安全與個人隱私、責任投資、健康與人口風險
	利益相關者的否決權	爭議性的採購
	社會機會	溝通途徑、融資途徑、獲得醫療的途徑、健康與營養的機會
公司治理	公司治理	董事會、薪資、所有權、會計與審計
	公司行為	商業道德、反競爭措施、貪汙與不穩定性、財務系統的不穩定性、稅收透明度

* 資料來源：MSCI ESG Research。

全世界八千五百多家企業的 ESG 評分，基本上是將 ESG 相關的主要資訊分成 37 個關鍵議題（key issue）後，經過四個階段，給予從 AAA 到 CCC 的等級。

　　如圖表 3-1 所示，MSCI 的評價體系涵蓋了 10 項主題和 37 個關鍵議題，評比過程分成四個階段。首先，要決定和各行業有關的關鍵議題，接著決定關鍵議題的比重。

　　由於每個產業的 ESG 關鍵議題權重不同（例如能源產業在環境議題上放的比重較金融產業高），MSCI 會考慮該關鍵議題對環境和社會的影響程度，及其利益或成本產生影響所需的時間後，再決定權重；最後，MSCI 會根據該關鍵議題的風險和可能性來打分數。

　　比方說，若某間企業會受水資源不足（關鍵議題）的風險影響，那麼，該企業的風險對策便會列入評價考量之中。

　　為了得到好的 ESG 分數，企業有必要好好管理相關風險，因為 MSCI 會針對公司治理為所有產業進行評價，並在給予等級的最後一關撰寫各產業分數的平均分配圖，為每個企業打下 0～10 分不等的評分。經過這樣的過程，最後再給予 CCC 到 AAA 的 ESG 等級。

　　接下來，請見下頁圖表 3-2，根據 MSCI 資料顯示，表現為「領先」（AAA、AA 等級）的，是 ESG 領導業界的企業；表現為「平均」（A、BBB、BB 等級）的，是相較於同行，能管理好風險的公司；表現為「落後」（B、CCC 等級）的，代表公司風險高，且風險管理嚴重失敗，在同行之間吊車尾。

　　MSCI 編製大多數 ESG ETF 追蹤的指數，而 MSCI 最在意的就是風險、機會及有爭議的商業活動（如武器、菸草、博奕等）。不過，評比並非絕對，而是以同產業為基準所定的相對等級，我們務必要記住這點。

圖表 3-2 MSCI 的 ESG 等級

ESG 表現	等級	分數
領先	AAA	8.571-10.000
	AA	7.143-8.570
平均	A	5.714-7.142
	BBB	4.286-5.713
	BB	2.857-4.285
落後	B	1.429-2.856
	CCC	0.000-1.428

* 資料來源：MSCI ESG Research。

ESG 等級的實際案例：特斯拉

為了說明投資者該如何利用 MSCI ESG 等級的方法，我們來看看電動車製造業者特斯拉。該公司得到 A 等級，在MSCI 評比的 39 家汽車業者中，分數高於平均[3]。

和同行相比，特斯拉的碳足跡相對維持在較低的水準，運用綠色技術投資等，在公司治理及環境相關議題上表現出色。

相較之下，關於產品品質及安全，特斯拉的評比為「平均」，

3　在 2022 年 5 月，特斯拉由於缺乏低碳策略、工作條件惡劣等原因，在全球汽車業中 ESG 評分過低，在全球同業組別排名全球倒數 25%，因而被標普 500 ESG 指數（旨在衡量符合 ESG 標準的證券表現，同時保持與標普 500 指數類似的權重）剔除。

因為過去特斯拉也曾因電池爆炸、碰撞測試等級、自動輔助駕駛（autopilot）功能相關事故而登上頭條，對此，特斯拉的執行長馬斯克表示，會努力改善駕駛及周遭行人的安全。

不過，特斯拉在勞務管理方面得到低於平均的分數，因而拉低其 MSCI ESG 等級。過去，特斯拉曾做出阻止員工組織工會等違反勞動法的行為；在新冠疫情大流行之際，還開放工廠，使工廠員工身陷感染的危險之中，公司的領導高層因而受到批評，而且確實有多名員工確診。

另一方面，與特斯拉相反的是法國汽車零件製造商法雷奧（Valeo），該公司是目前汽車業唯一一家在 MSCI ESG 等級中獲得「領先」評級的企業，值得我們關注。

MSCI 編製的 ESG 分數，可說是標的資產整體分數的加權平均，此分數的目的，是用來衡量標的管理 ESG 風險的能力。ESG 分數建立在基金的標的資產之上，分數範圍從 0～10，10 分是最高分，然後將 0 到 10 再次分成七個部分。

當基金的 ESG 分數是 5.7～7.1 時，基金的 ESG 等級為 A；而當 ESG 分數是 0.00～1.4 時，基金的 ESG 等級則為 CCC。

除此之外，MSCI 還以 ESG 等級為標準，計算 ESG 基金在同業中的排名。根據美國金融服務公司湯森路透理柏（Thomson Reuters Lipper）分類，同業排名反映某基金在同類別基金中的分數排名，例如 ESGU 這支基金在同業裡排名前 84％，在編入 MSCI ESG 基金等級的全球市場裡排名前 91％。

最後，讓我們來看看 MSCI 碳強度。MSCI 碳強度是 MSCI 編製的加權平均碳強度（WACI），換句話說就是指碳密集度，是每單位 GDP 的二氧化碳排放量。

02

最值得關注的 10 檔 ETF 標的

不僅是在企業經營管理方面，連在投資領域，ESG 也受到熱烈關注，自 2002 年第一檔 ESG ETF 推出以來，至 2021 年 1 月，管理資產已達 1,890 億美元，商品數量達到 552 個，全世界的錢都在流入 ESG ETF 的市場之中。

ESG ETF 市場形成動搖全球投資潮流的大趨勢，在這市場中，特別是美國來勢洶洶，幾乎占全球市場的 70％，主導著市場。在美國市場有許多以多種策略、主題管理的大規模 ESG ETF，接下來，讓我們來看看其中最值得關注的十個商品。

全美規模最大 ETF——ESGU

iShares ESG 感知 MSCI 美國 ETF（ESGU）是美國 ESG ETF 市場的代表性商品，截至 2021 年 3 月，淨資產規模達 143 億美元，以規模最大的 ESG ETF 為豪。

ESGU 追蹤由大型及中型美國企業組成的指數，而且這些企業皆經過指數供應商確認，具有積極的 ESG 特性。

ESGU 的投資組合和整體市場類似，挑選 ESG 特性較鮮明的公司；ESGU 追蹤 MSCI USA Extended ESG Focus Index，藉此

篩選出 ESG 領域評級良好的企業。

該指數依據 ESG 的三項要素，即環境（碳排放、水資源使用、有毒廢棄物）、社會（勞工管理、健康與安全、承包商）、公司治理（貪腐、詐欺、壟斷行為）相關的風險要素所評定。同時，使用投資組合最佳化程式，可以將 ESG 評級高的公司之基金股份最大化使用。

另外，ESGU 完全排除菸草公司、特定武器（地雷和生物武器）製造商、發電用煤炭等有重大商業爭議的公司。

圖表 3-3　ESGU 概要

項目	內容	項目	內容
上市日期	2016 年 12 月 1 日	MSCI ESG 等級	A
管理費用	0.15%	MSCI ESG 分數	5.80
管理規模	133.6 億美元	MSCI 碳強度	88.78
追蹤指數	MSCI USA Extended ESG Focus Index	年報酬率	21.98%
本益比	36.23	競爭 ETF	KRMA, NACP, WOMN, BOSS, VETS
股價淨值比	4.22	持有成分股[4] 數	345

* 資料來源：ETF.com, 2021.01.26。

4　在股票價格指數計算中所選用的股票，一般是市場中的重要股票，而且可以反映市場的特點或趨勢。

　　ESGU 的 MSCI ESG 分數，在滿分 10 分裡得到 5.80 分，等級為 A，在所有被編入 MSCI ESG 基金評級的同類基金裡，位於前 84％，於全球市場排名前 91％。另外，其碳強度為 88.78，屬平均強度。

　　ESGU 由貝萊德於 2016 年 12 月推出，截至 2021 年 1 月 26 日，管理資產達 133.6 億美元，各種費用及報酬等管理報酬為每年 0.15％。

　　ESGU 的本益比是 36.23，股價淨值比為 4.22。其競爭基金有 Global X 自覺企業 ETF（KRMA）、Impact Shares NAACP 少數民族賦權 ETF（NACP）、Impact Shares YWCA 女子賦權 ETF（WOMN）、Global X 創始人管理企業 ETF（BOSS）、Pacer 軍事時報最佳雇主 ETF（VETS）。

　　從管理資產規模看來，ESGU 絕對位居第一，投資組合裡的成分股有 345 檔。若仔細檢視 ESGU 的組成，能發現在國家方面，美國占整體的 99.91％，接著是加拿大的 0.09％。

　　在產業方面，前 10 名產業的比重如下：科技占 34.98％、非必需消費[5] 占 15.0％、健康護理占 13.13％、金融占 12.52％、工業占 9.76％、必需性消費占 6.19％、公用事業占 2.61％、原物料占 2.23％、能源占 2.14％、通訊 1.44％。

　　最後，ESGU 投資大型企業與中型企業中，對 ESG 有高度興趣的公司；其中，前 10 名占整體比重的 25.68％，分別是蘋果（Apple，6.48％）、微軟（Microsoft，4.89％）、亞

5　需求沒有被滿足，也不會造成生存上直接的威脅，如奢侈品、旅遊等。

馬遜（Amazon，4.0％）、字母控股 A（Alphabet Class A[6]，2.14％）、特斯拉（1.87％）、Facebook[7]（1.81%）、字母控股 C（Alphabet Class C，1.22％）、嬌生[8]（Johnson & Johnson，1.21％）、輝達（NVIDIA，1.04％）、摩根大通（1.02％）。

將資金注入新興市場的 ESGE

iShares ESG 感知 MSCI 新興市場 ETF（ESGE）的宗旨，是為 ESG 特性強烈的新興市場企業增加曝光度，同時保持和整體市場類似的投資組合。

ESGE 利用投資組合最佳化程式來維持 ESG 相關市場平均水準的曝光、績效和風險的平衡，並盡可能的將得到高評價的公司編入基金中。

另外，ESGE 也完全排除菸草公司、煙煤與油砂、特定武器（地雷和生物武器）製造商，以及經歷重大商業爭議的公司。

ESGE 由貝萊德於 2016 年 6 月推出，截至 2021 年 1 月 26 日，管理資產達 71.9 億美元，管理報酬為每年 0.25％，本益比是 23.26，股價淨值比為 1.94。該基金在滿分 10 分的 MSCI ESG

6　字母控股（Alphabet Inc.）為谷歌（Google）的母公司，在美國交易所代號分為 Alphabet Class A（代號為 GOOGL，又稱 A 股）和 Alphabet Class C（代號為 GOOG，又稱 C 股）；A 股有投票權，C 股無投票權，兩者實為同一間公司，本書中將這兩種股票分為兩間企業列舉，為避免混淆，以「字母控股 A」與「字母控股 C」稱呼。

7　於 2021 年 10 月 28 日，Facebook 改名為 Meta Platforms, Inc.，商號為 Meta，於本書皆以 Facebook 稱呼。於 2022 年，因 ESG 評分過低而從標普 500 ESG 指數中被剔除。

8　嬌生產品近年涉及致癌爭議，請投資人自行斟酌。

圖表 3-4　ESGE 概要

項目	內容	項目	內容
上市日期	2016 年 6 月 28 日	MSCI ESG 等級	A
管理費用	0.25%	MSCI ESG 分數	6.90
管理規模	71.9 億美元	MSCI 碳強度	149.92
追蹤指數	MSCI Emerging Markets Extended ESG Focus Index (Emerging markets equity)	年報酬率	25.27%
本益比	23.26	競爭 ETF	XSOE, LDEM, FRDM, EMSG, VWO
股價淨值比	1.94	持有成分股數	348

* 資料來源：ETF.com, 2021.01.26。

分數中得到 6.90 分，MSCI ESG 等級為 A，而該基金的碳強度為 149.9，屬於高強度。

2018 年 6 月 1 日前，該基金追蹤的指數是 MSCI Emerging Markets ESG Focus Index，而目前則改為 MSCI Emerging Markets Extended ESG Focus Index。在其投資組合中，成分股有 348 檔。

ESGE 的競爭基金有 WisdomTree 新興市場國企除外 ETF（XSOE）、iShares ESG MSCI 新興市場領袖 ETF（LDEM）、Alpha Architect 自由 100 新興市場 ETF（FRDM）、Xtrackers MSCI 新興市場 ESG 領袖股票 ETF（EMSG）以及 Vanguard

FTSE 新興市場 ETF（VWO）。在所有被編入 MSCI ESG 基金評級的同類基金裡，ESGE 排名前 65％，在全球市場裡排名前 95％。

仔細觀察其持股組合，就能發現在不同地區，香港、臺灣和韓國各以 31.63％、13.50％ 和 12.52％ 名列前茅。

在產業層面，前 10 名產業的比重為：科技占 38.34％、金融占 25.11％、非必需消費占 7.52％、必需性消費占 6.42％、能源占 6.08％、原物料占 5.20％、通訊占 3.45％、健康護理占 3.08％、工業占 2.93％、公用事業占 1.70％。

ESGE 投資新興市場中 ESG 性質較強的大型或中型企業，前 10 名企業占整體的 31.53％。

前 5 名的企業分別是台積電（7.25％）、騰訊（6.08％）、阿里巴巴（6.06％）、三星電子（4.53％）、中國網購平臺美團（2.21％）。

ESGD：專門投資大型跨國企業

iShares ESG 感知 MSCI 歐澳遠東 ETF（ESGD），追蹤在社會、環境、公司治理上分配較高的先進市場跨國企業。ESGD 的目標，是幫 ESG 特性強烈的先進企業增加曝光度，同時維持與整體市場相似的投資組合。

其追蹤指數會依據 ESG 相關風險劃分企業等級；另外，菸草公司、特定武器製造商及經歷重大商業爭議的公司，皆被排除在外。

ESGD 在滿分 10 分的 MSCI ESG 分數裡，得到 8.25 分，MSCI ESG 等級為 AA。在編入 MSCI ESG 基金評級的所有同類

基金中，ESGD 排名前 97％，在全球市場裡排名前 96％。

　　ESGD 由貝萊德於 2016 年 6 月推出，截至 2021 年 1 月 26 日，管理資產達 42.7 億美元，各種費用及報酬等管理報酬為每年 0.2％，本益比為 41.26，股價淨值比為 1.71。

　　在滿分 10 分的 MSCI ESG 分數中得到 8.25 分，碳強度為 106.44，屬於高強度。

　　該 ETF 在 2018 年 6 月 1 日之前，追蹤的指數為 MSCI EAFE ESG Focus Index，目前則改成 MSCI EAFE Extended ESG Focus Index。持股組合裡的成分股有 487 檔，競爭基金有 Xtrackers MSCI 歐澳遠東 ESG 領袖股票 ETF（EASG）、

圖表 3-5　ESGD 概要

項目	內容	項目	內容
上市日期	2016 年 6 月 28 日	MSCI ESG 等級	AA
管理費用	0.2%	MSCI ESG 分數	8.25
管理規模	42.7 億美元	MSCI 碳強度	106.44
追蹤指數	MSCI EAFE Extended ESG Focus Index	年報酬率	10.28%
本益比	41.26	競爭 ETF	EASG, VEA, IEFA, EFA, SCHF
股價淨值比	1.71	持有成分股數	487

* 資料來源：ETF.com, 2021.01.26。

Vanguard FTSE 成熟市場 ETF（VEA）、iShares MSCI 核心歐澳遠東 ETF（IEFA）、iShares MSCI 歐澳遠東 ETF（EFA）及 Schwab 國際股票 ETF（SCHF）。

仔細檢視 ESGD 的持股組合，會發現在國家方面，日本、英國及法國各以 25.39％、14.04％ 和 11.46％ 位居前 3。而在產業方面，前 10 名的比重分別為：金融占 20.40％、工業占 17.61％、健康護理占 13.04％、非必需消費占 12％、必需性消費占 10.29％、原物料占 7.74％、科技占 7.46％、能源占 4.35％、通訊占 3.64％、公用事業占 3.47％。

ESGD 投資先進市場中 ESG 較強的中大型公司，前 10 名占整體的 12.44％。其中，前 4 名企業分別是雀巢（Nestlé，2.09％）、半導體裝置製造商艾司摩爾（ASML Holding，1.6％）、瑞士藥廠羅氏（Roche，1.59％）、瑞士製藥集團諾華（Novartis，1.32％）。

違反勞動權、人權、環境規範，
ESGV 一概不要

Vanguard ESG 美股 ETF（ESGV）追蹤根據 ESG 標準篩選出來的美國企業之市值加權指數，其中包含了美國市場中的大、中、小型股，但排除成人娛樂、菸草、酒類、武器、化石燃料、博奕和核能等領域的公司。

另外，這檔 ETF 根據聯合國全球盟約原則，排除掉不符合勞動權、人權、環境與反貪腐標準的企業。在所有被編入 MSCI ESG 基金評級的同類基金裡，ESGV 排名前 65％，在全球市場排名前 49％。

圖表 3-6 ESGV 概要

項目	內容	項目	內容
上市日期	2018 年 9 月 18 日	MSCI ESG 等級	BBB
管理費用	0.12%	MSCI ESG 分數	5.03
管理規模	32.4 億美元	MSCI 碳強度	71.08
追蹤指數	FTSE US All Cap Choice Index	年報酬率	24.96%
本益比	36.92	競爭 ETF	ESGU, NACP, WOMN, BOSS, KRMA
股價淨值比	4.32	持有成分股數	1,434

* 資料來源：ETF.com, 2021.01.26。

　　ESGV 由美國資產管理公司先鋒領航在 2018 年 9 月推出，截至 2021 年 1 月 26 日，管理資產達 32.4 億美元，每年的管理費用為 0.12%，費用非常低。這支 ETF 藉由追蹤 FTSE US All Cap Choice Index 的表現，建構長期永續的投資組合。

　　其本益比為 36.92，股價淨值比為 4.32；MSCI ESG 等級為 BBB，在滿分 10 分的 MSCI ESG 分數中，得到 5.03 分。另外，ESGV 的碳強度為 71.08，屬於低強度，年報酬率則為 24.96%。

　　其持股組合共有 1,434 檔成分股，競爭基金為 ESGU、NACP、WOMN、BOSS、KRMA。

　　仔細檢視構成 ESGV 的持股組合，我們能發現，在國家方面，美國占了 100%；至於產業層面，前 10 名產業的比重為：

科技占 37.52％、非必需消費占 16.81％、健康護理占 14.25％、金融占 13.63％、工業占 6.86％、必需性消費占 5.31％、原物料占 2.58％、通訊占 1.87％、公用事業占 0.98％、能源占 0.18％。

　　而企業方面，前 10 名占了整體企業的 26.6％，分別是蘋果（6.70％）、微軟（5.21％）、亞馬遜（4.32％）、Facebook（2.05％）、字母控股 C（1.95％）、特斯拉（1.67％）、字母控股 A（1.29％）、摩根大通（1.20％）、跨國金融服務公司 Visa（1.15％）、跨國消費日用品公司寶僑（Procter & Gamble，1.06％）。

手續費很親民，但仍須注意的 USSG

　　Xtrackers MSCI 美國 ESG 領袖股票 ETF（USSG），追蹤根據 ESG 標準所篩選出來的美國中大型股之市值加權指數，其發行公司為德意志銀行（Deutsche Bank）。USSG 管理 MSCI USA ESG Leaders Index 內約 300 間美國企業。

　　以 ESG 標準來看，USSG 包含分數偏高的企業，其他有爭議的特定產業與 MSCI ESG 等級非常低的公司，都被排除在外。

　　USSG 低廉的手續費及合理策略，對於關注社會的散戶們而言，是個相當有吸引力的選擇；然而，USSG 看起來像是在為芬蘭保險公司 Ilmarinen 打造「客製化」產品[9]，這點我們必須注

9　該 ETF 由 Ilmarinen 和 DWS Group（德意志資產管理公司，德意志銀行的一部分）共同開發，2019 年 ETF.com 分析提到：「流入 USSG 的大量資金可能與 Ilmarinen 有關，該保險公司和 DWS Group 合作開發該基金，以便在自己的策略中使用。」而在 2022 年 5 月底，被控「漂綠」的 DWS Group，辦事處遭警方突擊搜查。

意，因為如果贊助公司決定回收資產，那商品就會消失，或可能在一夕之間造成流動性枯竭。

USSG 在所有被編入 MSCI ESG 基金評級的同類基金裡，排名前 94%，在全球市場排名前 98%。

此 ETF 於 2019 年 3 月推出，截至 2021 年 1 月 26 日，管理資產達 32.3 億美元，各種費用及報酬等管理費用為每年 0.10%，費用非常低。

本益比為 34.44，股價淨值比為 5.06。該基金的 MSCI ESG 等級為 A，在滿分 10 分的 MSCI ESG 分數中得到 6.63 分。碳強度是 133.09，屬於偏高的水準，年報酬率則為 18.16%。另外，投資組合內有 285 檔成分股，競爭基金則有 ESGU、NACP、

圖表 3-7　USSG 概要

項目	內容	項目	內容
上市日期	2019 年 3 月 7 日	MSCI ESG 等級	A
管理費用	0.1%	MSCI ESG 分數	6.63
管理規模	32.3 億美元	MSCI 碳強度	133.09
追蹤指數	MSCI USA ESG Leaders Index	年報酬率	18.16%
本益比	34.44	競爭 ETF	ESGU, NACP, WOMN, BOSS, KRMA
股價淨值比	5.06	持有成分股數	286

* 資料來源：ETF.com, 2021.01.26。

WOMN、BOSS、KRMA。

仔細觀察構成 USSG 的持股組合,可以發現在國家方面,美國占 100%。在產業方面,前 10 名的產業比重如下:科技占 35.78%、非必需消費占 15.56%、健康護理占 13.17%、金融占 12.12%、工業占 9.39%、必需性消費占 7.01%、原物料占 3.03%、通訊占 1.66%、公用事業占 1.20%、能源占 1.10%。

而在企業方面,前 10 名企業的比重占整體的 33.36%,分別為微軟(10.01%)、特斯拉(3.98%)、字母控股 C(3.46%)、字母控股 A(3.45%)、嬌生(2.65%)、Visa(2.05%)、輝達(2.04%)、寶僑(1.99%)、華特迪士尼公司(The Walt Disney Company,1.88%)和建材零售商家得寶(Home Depot,1.85%)。

管理費用低廉、碳強度低的 SUSL

iShares ESG MSCI 美國領導者 ETF(SUSL),追蹤 ESG 等級高的美國中大型企業。其基本追蹤指數為 MSCI 美國指數(母企業),且同樣排除與菸草、酒類、博奕、核能、特定武器、槍枝製造商相關的公司。

SUSL 在所有被編入 MSCI ESG 基金評級的同類基金裡,排名前 93%,在全球市場裡排名前 98%。

SUSL 由貝萊德於 2019 年 5 月推出,截至 2021 年 1 月 26 日,管理資產達 30.3 億美元,各種費用及報酬等管理費用為每年 0.10%,非常便宜。

SUSL 追蹤 MSCI USA Extended ESG Leaders Index 的表現,建構與長期永續相關之股票的投資組合。本益比為 34.42,股價

圖表 3-8　SUSL 概要

項目	內容	項目	內容
上市日期	2019 年 5 月 7 日	MSCI ESG 等級	A
管理費用	0.10％	MSCI ESG 分數	6.66
管理規模	30.3 億美元	MSCI 碳強度	66.74
追蹤指數	MSCI USA Extended ESG Leaders Index	年報酬率	18.08％
本益比	34.42	競爭 ETF	KRMA, NACP, WOMN, BOSS, ESGU
股價淨值比	5.06	持有成分股數	262

* 資料來源：ETF.com, 2021.01.26。

淨值比為 5.06。

　　該基金的 MSCI ESG 等級為 A，在滿分 10 分的 MSCI ESG 分數中得到 6.66 分。碳強度為 66.74，屬於低強度。由於上市日期是 2019 年 5 月，目前只報告了年報酬率為 18.08％。持股組合內的成分股有 262 檔，競爭基金有 KRMA、NACP、WOMN、BOSS、ESGU。

　　若觀察 SUSL 的持股組合，可以發現在國家方面，美國占100％。在產業方面，排名前 10 的產業比重為：科技占 35.78％、非必需消費占 15.55％、健康護理占 13.17％、金融占 12.13％、工業占 9.38％、必需性消費占 7.0％、原物料占 3.02％、通訊占1.67％、公用事業占 1.20％、能源占 1.09％。

　　而在企業方面，前 10 名占了整體的 32.84%，前 10 名企業分別是微軟（9.74%）、特斯拉（3.83%）、字母控股 C（3.42%）、字母控股 A（3.41%）、嬌生（2.58%）、Visa（2.10%）、輝達（1.99%）、寶僑（1.98%）、華特迪士尼公司（1.98%）、萬事達卡（Mastercard，1.81%）。

DSI：排除武器製造、核能、遺傳變異企業

　　iShares MSCI 社會責任 ETF（DSI）追蹤在 MSCI 中，具有積極 ESG 特性的 400 家企業之市價總額加權指數。

　　DSI 限制只持有好好實踐社會責任的公司，此一限制實際上意味著，該基金明確排除武器製造、大幅干預核能及遺傳變異的企業。在所有被編入 MSCI ESG 基金評級的同類基金裡，DSI 排名前 91%，在全球市場裡排名前 97%。

　　DSI 由貝萊德於 2006 年 11 月推出，截至 2021 年 1 月 26 日，管理資產達 26.9 億美元，各種費用及報酬等管理費用為每年 0.50%。DSI 追蹤 MSCI KLD 400 Social Index，本益比為 39.51，股價淨值比為 5.11。

　　該基金的 MSCI ESG 等級為 A，屬於高水準，在滿分 10 分的 MSCI ESG 分數中，得到 6.01 分；碳強度為 103.74，屬普通水準。一年及三年的報酬率分別是 19.83% 和 14.12%。

　　最後，持股組合內的成分股有 400 檔，競爭基金則是 ESGU、KRMA、NACP、WOMN 和 BOSS。

　　我們可以從 DSI 的持股組合中看到，在國家方面，美國占 100%。在產業方面，前 10 名的產業比重是：科技占 41.89%、非必需消費占 12.99%、健康護理占 10.20%、金融占 10.03%、

圖表 3-9　DSI 概要

項目	內容	項目	內容
上市日期	2006 年 11 月 14 日	MSCI ESG 等級	A
管理費用	0.50%	MSCI ESG 分數	6.01
管理規模	26.9 億美元	MSCI 碳強度	103.74
追蹤指數	MSCI KLD 400 Social Index	一年／三年報酬率	19.83%／14.12%
本益比	39.51	競爭ETF	ESGU, KRMA, NACP, WOMN, BOSS
股價淨值比	5.11	持有成分股數	400

* 資料來源：ETF.com, 2021.01.26。

工業占 9.26%、必需性消費占 7.79%、原物料占 3.07%、公用事業占 1.77%、能源占 1.51%、通訊占 1.51%。

　　而在企業方面，前 10 名企業占整體的 30.93%，分別為微軟（8.84%）、Facebook（3.53%）、特斯拉（3.48%）、字母控股 C（3.11%）、字母控股 A（3.10%）、Visa（1.90%）、輝達（1.81%）、寶僑（1.80%）、華特迪士尼（1.72%）、萬事達卡（1.64%）。

由 250 間高 ESG 評分公司組成的 SUSA

　　iShares MSCI 美國 ESG 精選 ETF（SUSA）追蹤的指數為

MSCI USA ESG Select Index，該指數排除菸草及民間槍枝製造企業，由美國中大型企業中，ESG 分數高的 250 間企業組成。

　　SUSA 由貝萊德於 2005 年 1 月推出，截至 2021 年 1 月 26 日，管理資產達 24.7 億美元，各種費用及報酬等管理費用為每年 0.50％。本益比為 43.20，股價淨值比是 4.77。

　　其 MSCI ESG 等級為 A，在滿分 10 分的 MSCI ESG 分數中得到 6.27 分。碳強度是 116.35，屬普通水準，年報酬率為 24.90％。持股組合中成分股有 199 檔，競爭基金則有 ESGU、KRMA、NACP、WOMN 和 BOSS。

　　從建構 SUSA 的持股組合中可以看到，在國家方面，美

圖表 3-10　SUSA 概要

項目	內容	項目	內容
上市日期	2005 年 1 月 24 日	MSCI ESG 等級	A
管理費用	0.50%	MSCI ESG 分數	6.27
管理規模	24.7 億美元	MSCI 碳強度	116.35
追蹤指數	MSCI USA Extended ESG Select Index	年報酬率	24.90%
本益比	43.20	競爭 ETF	ESGU, KRMA, NACP, WOMN, BOSS
股價淨值比	4.77	持有成分股數	199

* 資料來源：ETF.com, 2021.01.26。

國占 100％。在產業方面，前 10 名的產業比重如下：科技占 36.91％、金融占 12.65％、健康護理占 12.15％、非必需消費占 11.94％、工業占 10.09％、必需性消費占 8.32％、公用事業占 3.06％、原物料占 2.32％、能源占 2.0％、通訊占 0.56％。

在企業方面，前 10 名企業占整體的 25.02％，分別為蘋果（5.16％）、微軟（4.81％）、字母控股 A（2.92％）、特斯拉（2.14％）、跨國管理諮詢公司埃森哲（Accenture Plc Class A，1.96％）、家得寶（1.75％）、Facebook（1.71％）、貝萊德（1.62％）、輝達（1.52％）、客戶關係管理公司賽富時（Salesforce，1.43％）。

投資日本、香港企業為主的 VSGX

Vanguard ESG 國際股票 ETF（VSGX）追蹤以 ESG 標準篩選的美國以外企業之市值加權指數。大、中、小型股皆有的 VSGX，排除成人娛樂、菸酒、武器、化石燃料、博奕及核能等領域的企業。另外，該基金也按照聯合國全球盟約原則，排除無法達到勞動權、人權、環境與反貪腐標準的公司。

VSGX 在所有被編入 MSCI ESG 基金評級的同類基金裡，排名前 71％，在全球市場裡排名前 23％。

VSGX 由先鋒領航於 2018 年 9 月推出，截至 2021 年 1 月 26 日，管理資產達 16.7 億美元，各種費用及報酬等管理費用為每年 0.17％，費用偏低。

此 ETF 追蹤 FTSE Global All Cap ex US Choice Index 的表現，建構和長期永續相關的投資組合。其本益比為 27.53，股價淨值比是 1.75。MSCI ESG 等級為 A，在滿分 10 分的 MSCI

ESG 分數中，得到 6.7 分。碳強度是 119.34，年報酬率則為 17.78%。

持股組合裡的成分股有 4,518 檔，競爭 ETF 有 Xtrackers MSCI 全世界不含美國 ESG 領袖股票 ETF（ACSG）、Vanguard FTSE 美國以外全世界 ETF（VEU）、Renaissance 國際 IPO ETF（IPOS）、iShares MSCI 核心總體國際股市 ETF（IXUS）和 First Trust 國際股票機會 ETF（FPXI）。

觀察 VSGX 的持股組合，會發現在地區方面，前 5 名為日本（18.53%）、香港（12.99%）、英國（7.46%）、加拿大（5.75%）和瑞士（5.73%）。

在產業方面，前 10 名產業比重分別是：金融占 26.14%、科

圖表 3-11　VSGX 概要

項目	內容	項目	內容
上市日期	2018 年 9 月 18 日	MSCI ESG 等級	A
管理費用	0.17%	MSCI ESG 分數	6.7
管理規模	16.7 億美元	MSCI 碳強度	119.34
追蹤指數	FTSE Global All Cap ex US Choice Index	年報酬率	17.78%
本益比	27.53	競爭 ETF	ACSG, VEU, IXUS, IPOS, FPXI
股價淨值比	1.75	持有成分股數	4,518

* 資料來源：ETF.com, 2021.01.26。

技占 19.56%、非必需消費占 11.99%、工業占 11.62%、健康護理占 10.38%、必需性消費占 7.29%、原物料占 7.03%、通訊占 3.58%、公用事業占 1.74%、能源占 0.53%。

至於企業層面，前 10 名企業的比重占整體的 12.95%，前 7 名分別為阿里巴巴（1.86%）、雀巢（1.49%）、三星電子（1.42%）、羅氏控股（1.1%）、艾司摩爾（0.87%）、豐田汽車（Toyota，0.85%）、亞太區證券集團友邦保險（AIA Group，0.66%）。

LDEM，臺灣企業占近 15% 的永續 ETF

iShares ESG MSCI 新興市場領袖 ETF（LDEM）追蹤由新興市場大型股及中型股組成的加權指數，這些股票相較於所屬產業，ESG 特性較高，選股從組成 MSCI 新興市場指數這一上游指數的成分開始。

LDEM 的投資組合中，排除和酒類、菸草、博奕、核能與武器、生產商與民間槍枝的主要零售商有關的公司。該基金在所有被編入 MSCI ESG 基金評級的同類基金裡排名前 76%，在全球市場裡排名前 97%。

LDEM 由貝萊德於 2020 年 2 月推出，截至 2021 年 1 月 26 日，管理資產達 8 億 8,082 萬美元，各種費用及報酬等管理費用為每年 0.16%，費用非常低廉。LDEM 旨在追蹤 MSCI EM Extended ESG Leaders 5% Issuer Capped Index 的投資表現，建構長期永續相關的持股組合。

其本益比為 24.97，股價淨值比為 1.92；MSCI ESG 等級為 A，在滿分 10 分的 MSCI ESG 分數中，得到 6.8 分；除此之外，

圖表 3-12　LDEM 概要

項目	內容	項目	內容
上市日期	2020 年 2 月 5 日	MSCI ESG 等級	A
管理費用	0.16%	MSCI ESG 分數	6.8
管理規模	8 億 8,082 萬美元	MSCI 碳強度	246.63
追蹤指數	MSCI EM Extended ESG Leaders 5% Issuer Capped Index	年報酬率	24.61%
本益比	24.97	競爭 ETF	ESGE, XSOE, FRDM, EMSG, EMXF
股價淨值比	1.92	持有成分股數	444

* 資料來源：ETF.com, 2021.01.26。

碳強度是 246.63，屬於高強度。

　　不過，由於此 ETF 於 2020 年 2 月上市，因此只報告了三個月的績效，為 24.61％[10]。持股組合中有 444 檔成分股，競爭基金有 ESGE、XSOE、FRDM、EMSG、iShares ESG 高級 MSCI 新興市場 ETF（EMXF）。

　　地區方面，前 5 名為香港（26.96％）、臺灣（14.90％）、印度（12.98％）、韓國（8.25％）、南非（7.15％）。

10　據 2022 年 5 月資料顯示，LDEM 的一年報酬率為負 21.56％，兩年報酬率為 16.00％。

在產業方面，前 10 名的產業比重為：科技占 33.20％、金融占 25.34％、原物料占 7.31％、必需性消費占 7.18％、能源占 6.52％、非必需消費占 5.54％、工業占 5.45％、健康護理占 4.30％、通訊占 3.32％、公用事業占 1.83％。

在企業方面，前 10 名企業的比重占整體的 33.03％，前 10 名企業為台積電（5.71％）、騰訊（4.97％）、美團（4.89％）、阿里巴巴（4.48％）、納斯帕斯（Naspers，2.90％）、印度最大私營集團信實工業（Reliance Industry，2.27％）、中國建設銀行（2.18％）、中國電動汽車品牌蔚來汽車（2.09％）、印度房產開發融資公司（Housing Development Finance Corporation，簡稱 HDFC，1.77％）、跨國信息技術公司印孚瑟斯（Infosys，1.77％）。

03

遇到市場回檔，
這種基金回復力最強

在上一節，為了深度分析 ESG ETF，我選出規模排名前 10 的 ESG ETF。

如下頁圖表 3-13 所示，在財務要素方面，我們比較了管理資產、管理費用和年報酬率；而在非財務要素方面，則以 ESG 指標，也就是 ESG 等級、ESG 分數與碳強度為標準。

在這裡，我們將一起比較這 10 檔 ESG ETF，以及 1 檔非 ESG ETF，來觀察 ESG ETF 和非 ESG ETF 的績效。

結論歸納整理如下：第一，我們可以從圖表 3-13 的第一行看到，10 檔 ESG ETF 的基金代碼和提供基金的資產管理公司名稱，第二行則列出每個基金的資產規模。

10 檔 ESG ETF 中，有 7 檔由貝萊德的 iShares 發行，在管理資產層面，iShares 推出的 3 檔核心 ESG ETF——ESGU、ESGE、ESGD 位居前 3。

在比較分析 10 檔 ESG ETF 中最受大眾歡迎、具有相似基金特性的 6 檔 ESG ETF，也就是 ESGU、SUSA、DSI、SUSL、ESGV 和 USSG 之後，結果更為有趣。

首先，這 6 檔 ESG ETF 進到資產排名中的八強，資產規模

圖表 3-13　廣泛多元化的 ESG ETF

ETF 代碼 （發行公司）	管理資產 （億美元）	管理 費用	年報 酬率	ESG 等級	ESG 分數	碳強度
ESGU （iShares）	133.6	0.15%	21.98%	A	5.80	88.78
ESGE （iShares）	71.9	0.25%	25.27%	A	6.90	149.92
ESGD （iShares）	42.7	0.2%	10.28%	AA	8.25	106.44
ESGV （Vanguard）	32.4	0.12%	24.96%	BBB	5.03	71.08
USSG （Xtrackers）	32.3	0.1%	18.16%	A	6.63	133.09
SUSL （iShares）	30.3	0.1%	18.08%	A	6.66	67.74
DSI （iShares）	26.9	0.5%	19.83%	A	6.01	103.74
SUSA （iShares）	24.7	0.5%	24.9%	A	6.27	116.35
VSGX （Vanguard）	16.7	0.17%	17.78%	A	6.7	119.34
LDEM （iShares）	8.8	0.16%	24.61%	A	6.8	247.63
IVV	2,430	0.04%	18.14%	BBB	5.17	145

* 資料來源：ETF.com, 2021.01.26。

最大的是 ESGU，超過 133 億美元，而 6 檔 ESG ETF 中資產規模最小的 SUSA，規模為 24.7 億美元。但是，若將這 10 檔 ESG ETF 和 IVV 這支代表性的普通 ETF 比較，就會發現它們都不是 IVV 的對手；IVV 的資產達 2,430 億美元，比這 10 檔 ESG ETF 的總和還要多上 4 倍。

第二，讓我們來看看管理費用。10 檔 ESG ETF 的費用都在 0.5％ 以下，其中管理費用最高的是 DSI 和 SUSA，皆為 0.5％；而管理費用最低的是 USSG 和 SUSL，為 0.1％。至於 IVV 的管理報酬則為 0.04％，由此可看出差異之大。

第三，我們來比較看看 ESG ETF 和 IVV 的績效。若對比一年內的報酬率，可以發現受歡迎的 6 檔 ESG ETF 的績效，比另外 4 檔基金還優秀，報酬率範圍在 18％～25％；比較 10 檔 ESG ETF 和 IVV 的績效，我們可以看到，有 7 檔 ESG ETF 的報酬率比 IVV 的 18.14％ 還要高。

第四，比較 ESG ETF 和 IVV 的 ESG 等級、分數及碳強度。IVV 的 ESG 等級為 BBB，而 ESG ETF 除了 ESGV 以外，等級全都在 A 以上，證明了 ESG ETF 的 ESG 等級，較一般 ETF 高。同樣的，ESG 分數也是，ESGV 以外的全都高於 IVV。

總的來說，前 10 名的 ESG ETF 在報酬率、ESG 等級、分數和碳強度方面，和代表一般 ETF 的 IVV 相比，結果都比較優秀。這對 ESG 投資人來說，是相當振奮人心的證據，為散戶們明確提出了永續投資的方向。

讓我們來看看，這樣的結果能為投資者帶來什麼啟示。

首先，最受歡迎的 6 檔 ESG ETF，報酬率範圍都在 18％～25％，這是一個很有意思的數據。若再更深入的觀察這 6 檔 ESG

ETF，就會發現它們的組成幾乎都包含了傑出的科技巨頭，如蘋果、微軟、亞馬遜、字母控股 A & C 及特斯拉。另外，嬌生、寶僑、Visa、家得寶、萬事達卡和華特迪士尼，也是這些 ESG ETF 共同持有的企業。

不過，可能是因為持股公司都差不多，所以年報酬率並沒有太大的差異，考量到這一點時，我們能得出這個投資策略：與其 6 檔有著相似特性的 ETF 全部投資，不如選擇一、兩檔，這樣在績效上也不會有太大的問題。

其次，從 2021 年初到 3 月底，全球市場因突如其來的利率上調受到衝擊，此時，比較這 6 檔 ESG ETF 和一般 ETF 的報酬率，看它們在市場調整期間的反應時，就能發現即便是在艱難的市場調整期[11]，這 6 檔 ESG ETF 也相對穩定許多，報酬率也高。

ESG ETF 中最具代表性的 ESGU，報酬率為 7.21％，而除了 ESGV（6.7％）以外，其他 ESGU 同類基金報酬率分別為 SUSA（8.20％）、DSI（8.41％）、USSG（8.41％）、SUSL（8.22％），而同一時間，美國電子股票交易所那斯達克（NASDAQ）的科技股，大部分報酬率則呈現減少趨勢。

比方說，追蹤那斯達克指數的代表性 ETF——QQQ，在這段期間的報酬率呈現低迷的 3.58％；同一時期，方舟投資的代表性 ETF ARKK 則呈現負 2.92％。

如同在 2020 年持續不斷的疫情危機一樣，ESG ETF 在市場危急的狀態下，確實表現出強勁的報酬率，而且回復力也非常迅

---

11 普遍認為當標普 500 指數或道瓊工業平均指數等主要股票指數，由最近的高位下跌 10％～20％，便會稱此時期為股市出現調整。

速，這些都可以在市場調整期再次認證。

現在還有部分散戶抱持著投資 ESG 時，為了追求理念就必須放棄收益的錯誤想法，但如同我們能從分析結果知道，ESG ETF 的報酬率高，而且即便市場處於危機狀況或是在調整期間，永續 ETF 的回復力依舊相當強勁。

考慮到這些事實，在未來，ESG ETF 無疑將持續受到散戶的熱烈歡迎。

臺灣 ESG ETF

ETF 在臺灣越來越受散戶歡迎，根據奇摩股市表示，2021 年 10 月台股 ETF 總投資人數達 216 萬人，創了新高，而其中很受散戶青睞的，正是目前臺灣總共 6 檔的 ESG ETF（請見下頁圖表 3-14）。

ESG 的熱度有多厲害？舉例來說，在 2021 年 10 月，永豐台灣 ESG（00888）投資人數突破 8 萬人，基金規模達新臺幣 68.2 億元，從當年 3 月 ETF 掛牌以來，投資人數成長 9 倍、基金規模成長 4 倍。

圖表 3-14　臺灣 ESG ETF 現況

ETF名稱 （代號）	掛牌 時間	追蹤 指數	配息頻率 （除息 月分）	前 3 大持股
富邦公司 治理 （00692）	2017. 05.17	臺灣公司 治理 100 指數	半年配 （7、11）	台積電（40.6%） 鴻海（3.85%） 聯發科（3.79%）
元大臺灣 ESG 永續 （00850）	2019. 08.23	臺灣 永續指數	年配 （11）	台積電（28.9%） 聯發科（5.38%） 鴻海（5.08%）
國泰永續 高股息 （00878）	2020. 07.20	MSC 臺灣 ESG 永續 高股息精選 30 指數	季配 （2、5、8、 11）	聯強（4.82%） 仁寶（4.63%） 華碩（4.45%）
永豐台灣 ESG （00888）	2021. 03.31	富時台灣 ESG 優質 指數	季配 （1、4、 7、10）	台積電（28.05%） 聯電（13.69%） 穩懋（8.19%）
中信關鍵 半導體 （00891）	2021. 05.28	ICE FactSet 臺灣 ESG 永續關鍵 半導體指數	季配 （2、5、 8、11）	台積電（20.06%） 聯發科（18.22%） 聯電（11%）
中信小資 高價 30 （00894）	2021. 08.13	臺灣指數公 司特選小資 高價 30 指數	季配 （2、5、 8、11）	台積電（27.01%） 聯發科（9.52%） 台達電（5.99%）

* 資料截至 2022 年 5 月 23 日。

圖表 3-15　臺灣 ESG ETF 的 2021 年績效

項目	收盤價	累積配息	含息報酬率
00850	35.91	1.05	26.53%
00878	19.17	0.98	24.85%
00692	35.86	1.97	24.40%
00891 （2021 年 5 月掛牌）	17.70	0.55	21.67%
00888 （2021 年 3 月掛牌）	16.16	0.432	10.61%
台積電 （2330）	615	10.50	18.02%

編按：

　　1. 配息率不代表報酬率，須留意配息來源是否為本金。

　　2. 配息來源的本金占比可在各公司的官網查看，關鍵字為「基金配息組成」。

　　3. 配息來源為本金不代表好壞，還是要看總報酬率。

　　例如，只要上中國信託投信官網，即可搜尋到 00891 的歷史配息紀錄，並得知 00891 於 2022 年 1 月的「配息來自本金」占比為 0%。

　　而 00878 於 2022 年 5 月 18 日除息後,目前仍呈貼息(沒有回補除息差價,反倒下跌)狀態。

　　另外,如果不想買 ESG ETF,也可以直接買其持股,但投資企業是否符合 ESG 評級與標準,須由投資人親自判斷。

　　最後,如果不清楚台股及美股的開戶到購買流程,請掃瞄以下 QR Code,會有詳細介紹。

海外 ESG ETF
開戶購買教學

臺灣 ESG ETF
開戶購買教學

　　此外,近期金管會介入,要求 ESG 基金不得模稜兩可,嚴格把關是否符合 ESG 標準;目前已獲金管會認證的 ESG ETF 為 00891、00850、00888,而 00878 的身分待定中。

　　怎麼知道這檔 ETF 不符合 ESG 標準?金管會要求加註「本基金非屬環境、社會及公司治理相關主題基金」,以方便投資人辨別。

環保、減碳、創新⋯⋯投資標的種類多，獲利高達 179%

　　2020 年美國總統大選結果出爐，拜登於 2021 年正式就任，他承諾在今後四年內將投資 2 兆美元，用以應對氣候變遷、支援可再生能源；拜登一獲選總統，他就立即公開承諾會重新加入《巴黎協定》，據此，我們可以期待在 2030 年之前，潔淨能源將正式成為能源投資的未來。

　　此外，以未來學者為首，許多研究機構接二連三的發表再生能源投資相關報告，稱其為戰勝氣候危機的方法。我們會深入了解 21 檔能拯救地球，又能獲得高報酬的 ESG ETF。

01

想實現碳中和，
散戶如何加速此過程？

未來學者里夫金曾預言，化石燃料文明將在 2028 年前結束，他同時強調，全球發布的綠色新政，旨在拯救地球上的生命體，而綠色新政裡提到的未來替代能源，包含所有可取代化石燃料的能源。那麼，世界各國對於再生能源的生產、投資及市場，有什麼展望？

有專家預期，到了 2050 年，全球能源有 50% 將會來自風能及太陽能。隨著世界各國為了環保生活採取新的變化和行動，主要能源與公用事業公司也針對綠色倡議進行集中投資。

比方說，世界第二大石油公司殼牌（Shell）自 2016 年開始投資再生能源，至今已注入 20 億美元。

另外，投資綠色倡議的大企業為了使相關業界發展，開發創新技術的小規模企業大批出現，預計到了 2050 年，將會有 11.5 兆美元被投資到再生能源領域。

國際能源署（International Energy Agency，簡稱 IEA）[1] 的報告指出，在五年內，全球供應的可再生電力預計將增加 50%；另外，IEA 還表示，目前占全球電力約 26% 的可再生能源，到了 2024 年，有望增長至 30%。

　　不僅如此，根據市場研究機構 Allied Market Research 的研究顯示，從 2018 年到 2025 年，全世界的可再生能源市場將創下 6.1% 的年均成長率，其價值將會高達 15.1 億美元。

　　在克服氣候危機方面，各國又做了什麼行動？2018 年，政府間氣候變遷專門委員會（Intergovernmental Panel on Climate Change，簡稱 IPCC）在〈1.5℃ 特別報告〉（Global Warming of 1.5℃）中曾建議：「如要讓地球上升溫度限制在攝氏 1.5 度內，全球溫室氣體排放量必須在 2030 年，較 2010 年減少 45%，並於 2050 年宣布碳中和[2]。」

　　隨著氣候危機日益嚴重，全世界都將目光放在碳中和上。全球一百二十幾個國家宣布未來將達成碳中和，讓二氧化碳排放量變成零；歐盟和美國則表示，會在進口貨物等所有項目徵收碳稅（carbon tax）[3]，表現出執行環境法規的決心。

　　碳排放量全球第二的美國和第十一的加拿大，宣告會在 2050 年達到淨零排放；第十七的英國宣布，將在 2050 年達到淨零排放目標及零資源浪費的經濟成長；碳排放量世界第五的日本，宣布將在 2050 年達成碳中和，而目前全世界最大的碳排放國中國則宣告，會在 2060 年實現碳中和[4]。

1　國際組織，旨在確保可靠、可負擔之清潔能源的供應，並研究分析國際能源現況及未來發展。

2　企業、組織在特定衡量期間內，碳排放量與碳清除量相等，即達成碳中和，又稱為淨零排放二氧化碳。

3　針對造成二氧化碳排放的商品或服務，依排放量課徵的一種環境稅。

4　臺灣碳排放總量不到全球 1%，但人均排碳量仍很高，為 10.77 噸，為全球人均排碳量的 2.45 倍，全球排名第 19 名；國家發展委員會亦發布「臺灣 2050 淨零排放路徑」之策略，響應國際減碳的目標。

　　目前碳排放量為全世界第 9 名的韓國也宣布，會在 2050 年達到碳中和，並進一步表示到了 2035 年，韓國將會停止生產燃油車；在韓國，因汽車排放廢氣造成的碳汙染，占二氧化碳排放量的 16%。

　　若能從現在開始加快投資低碳技術的速度，改將資金注入相對優勢的環保車、電池、儲能裝置、氫能等，我們便能比預期的更早轉型至碳中和社會。碳中和現在已經成為全世界不可抗拒的潮流，也成為實現經濟永續成長這條路上，不能不討論的課題。

　　相反的，碳排放量全球第三的印度、第四的俄羅斯、第六的伊朗、第八的印尼、第十的沙烏地阿拉伯、第十三的巴西及第十四的墨西哥等主要排放國，並未發表淨零排放宣言，在減碳政策方面表現非常消極[5]。

　　而澳洲在減碳方面，尚未宣告會在 2050 年達成淨零碳排，也沒有提出 2030 年到 2050 年間的目標。全世界為了克服氣候危機，正迅速的轉型為低碳體系，但澳洲過去十年來，在氣候變遷相關政策上，執政黨內部與支持煤炭產業的說客不斷內鬨，使澳洲政府在氣候政策方面顯得非常無能。

　　澳洲總理史考特·莫里森（Scott Morrison）因在碳中和（淨零排放）問題上表現消極，受到國際間的指責。我們也可以預見，國際社會將針對澳洲在「2025 淨零排放」目標的消極態度，進一步施壓。

5　截至 2022 年 5 月，以下為已經宣布碳中和目標的國家：印度（2070年）、俄羅斯（2060 年）、沙烏地阿拉伯（2060 年），以及巴西（2060 年）。

曾獲諾貝爾獎的氣候經濟學家威廉・諾德豪斯（William Nordhaus）在著作《氣候賭局》（*The Climate Casino*）中，警告那些拿地球生態界的命運賭博、施政錯誤的政治人物，說他們提出的那些行動，只能發生在賭場裡，而這句話就是在針對像莫里森一樣的人。

莫里森連以歐盟為中心成立的「氣候俱樂部」（climate club）[6] 都不得其門而入、受到各國孤立，在澳洲聯邦大選中，他的政治生涯將會如何發展，備受關注[7]。

跟上綠色產業潮流，永續 ETF 是最新型價值投資

這個名為永續成長的大轉換中，ESG ETF 投資是全球金融的主要趨勢，再加上新冠病毒的出現，使 ESG 投資迎來轉折點。在 2020 年新冠疫情肆虐期間，環保投資的重要性更為凸顯，實際上，投資報酬率也比非 ESG 的績效要來得好。

在第三章，我介紹了以追求永續投資的企業組成的 ESG ETF，而在這個章節，我們將在 ESG 投資的框架中，特別探討「E」，也就是集中在環境上的投資。換句話說，就是以減少二氧化碳、製造潔淨能源及再生能源為投資工具的 ETF。

拜登當選美國總統後，便展開綠色新政合作計畫，環保 ETF 預期將成為新格局。那麼，想要投資綠色產業，為什麼 ESG

6　將大型經濟體聚集在一起，更加積極、有野心的推動氣候行動。

7　於 2022 年 5 月 21 日舉行，莫里森落選，新一任澳洲總理為安東尼・艾班尼斯（Anthony Albanese）。

ETF 會被視為最佳辦法？

第一，想投資潔淨能源產業或氣候主題 ESG 公司，從變動性風險管理層面看來，要選出某個特定標的並不容易；所以，與其暴露在個別企業的風險之下，不如選擇 ETF 這種已經分散風險的商品，如此一來，投資時更為便利，商品資訊更透明，風險也比較小。另外，若分別投資國內與海外的 ESG ETF，也能加倍分散投資的效果。

第二，主要國家大力施行綠色新政，加上人們對永續的認知有所改變，ESG ETF 的成長態勢不斷上升。以千禧世代為例，已經有超過 60% 的人將 ESG 當成選股標準，受這樣的氣氛影響，大型資產管理公司，如退休基金機構及貝萊德等，皆以先發制人之姿投資 ESG ETF，如此動作不僅改變綠色產業的生態界，也正在改變永續投資的潮流。

高盛集團便表示，計畫在今後十年內，投資 7,500 億美元到聚焦於氣候變遷及包容性成長的企業。貝萊德於 2019 年，從投資標的裡排除許多化石燃料相關營收占整體 25% 以上的企業，而且光是在 2020 年，就安排了 11 檔新的 ESG ETF 上市；不僅如此，還發表了高強度政策，宣布今後將把 ESG ETF 資金增加到原本的 2 倍以上。

與氣候相關的再生能源主題 ETF，在 2020 年新冠疫情後呈現爆發性的增長趨勢，該規模在今年將超過 1,000 億美元。

第三，ESG ETF 可以投資多種領域的綠色產業，是在投資多種領域時，最方便的工具之一。簡單來說，就是只要利用 ESG ETF，便能投資綠色產業的所有領域，像是低碳排、再生能源（太陽能、風力等）、潔淨能源、基礎技術（ESS〔儲能

系統〕、變頻器等）、新流動（new mobility，電動車、氫能車等）、鋰電池、減少化石燃料使用、一般環保等，ESG ETF 可以將整個綠色產業生態界結合起來。

第四，只要利用 ESG ETF，在投資再生能源產業時，就能接觸到美國以外的其他國家。這裡指的並不是可以投資到個別股票或某個特定國家，而是可以將資金注入所有國家，像是在太陽能產業裡，相對具優勢的幾間中國企業，或是在海上風力發電更為領先的歐洲國家等。

舉例來說，投資全球太陽能價值鏈的 TAN，產業組合就非常多元，包含了再生能源、電力公用事業、REITs（Real Estate Investment Trust，不動產投資信託）、IT 硬體等，投資國家則有美國（47％）、中國（25％）、德國（6％）、西班牙（5％）等，相當多元及分散。

最後，綠色產業主要由再生能源相關企業（包含生產、研發、分配、設置）、電動車、電力公用事業和二次電池相關企業組成；其中，溫室氣體排放比重高的電力，如暖氣、運輸等，與其密切相關的再生能源（太陽能、風力）和電動車，有望主導綠色產業。

可以戰勝氣候危機的 21 檔 ETF

目前為止說明的主導綠色產業之再生能源投資，全部都能透過 ESG ETF 達成。為實現碳中和、克服氣候變遷危機，我們可以思考各種投資 ESG ETF 的策略，像是低碳排、永續影響、潔淨能源、太陽能、風力能源、電池、減少化石燃料使用的 ETF，以及綠色環保的中國 ESG ETF 等。

與戰勝氣候危機相關的主題式 ETF 非常多，在這個章節，我們將會檢視其中績效特別好、排名前 21 名的基金。這 21 檔 ESG ETF，大概能分成八個組別，不過它們都是在美國上市的全球 ESG ETF。

依主題可分成：

- 針對低碳排的 ESG ETF：CRBN、LOWC、SMOG。
- 針對永續成長影響力的 ESG ETF：SDG、SDGA。
- 以潔淨能源為目標的 ESG ETF：ICLN、PBW、ERTH、QCLN、ACES、PBD、CNRG、GRID、RNRG。
- 以太陽能為目標的 ESG ETF：TAN。
- 為求增加風力能源的 ESG ETF：FAN、EDEN。
- 追求電池創新技術的 ESG ETF：LIT、BATT。
- 為減少化石燃料使用的 ESG ETF：SPYX。
- 綠色環保的中國 ETF：KGRN。

接下來，我們將仔細檢視，在這八個主題之下的 21 檔 ESG ETF。

02

低碳排 ESG ETF

　　管制二氧化碳排放量以戰勝氣候危機的投資方法，是排除碳排量高的企業，例如，CRBN 和 LOWC 主要使用 MSCI ACWI Low Carbon Target Index 選股、SMOG 則使用 Ardour Global Index Extra Liquid 來篩選，在美國、英國等不同國家也存在著指數差異。

　　接下來，我們將一一檢視和低碳排相關、最具代表性的主題式 ESG ETF：CRBN、LOWC 和 SMOG。

只投資碳足跡低的企業，CRBN

　　iShares MSCI 全世界低碳目標 ETF（CRBN）由貝萊德在 2014 年 12 月推出，是一檔以低碳排為目標的 ETF。該基金追蹤現有市場及新興市場所有中、大型股指數，但是僅投資碳足跡低的股票。

　　它的 MSCI ESG 等級為 A，ESG 分數為 5.80。另外，碳強度為 64.62，屬於相當低的強度。

　　CRBN 在所有被編入 MSCI ESG 基金評級的同類基金裡，排名前 68%，在全球市場中則排名前 1%。

圖表 4-1　CRBN 概要

項目	內容	項目	內容
上市日期	2014 年 12 月 9 日	MSCI ESG 等級	A
管理費用	0.20%	MSCI ESG 分數	5.80
管理規模	6 億 3,982 萬美元	MSCI 碳強度	64.62
追蹤指數	MSCI ACWI Low Carbon Target Index	一年／三年報酬率	16.8%／9.7%
本益比	33.41	競爭 ETF	LOWC, SDG, SDGA, VT, ACWI
股價淨值比	2.69	持有成分股數	1,365

* 資料來源：ETF.com, 2021.01.20。

截至 2021 年 1 月 20 日，該基金的管理資產達 6.4 億美元，各種費用及報酬等管理費用為每年 0.20%。以長期來看，CRBN 在建構永續低碳投資組合時，追蹤的指標為 MSCI ACWI Low Carbon Target Index。

CRBN 的本益比為 33.41，股價淨值比為 2.69，競爭基金有 SPDR MSCI 全世界低碳目標 ETF（LOWC）、iShares MSCI 全球可持續發展目標 ETF（SDG）、Impact Shares 永續發展目標全球股票 ETF（SDGA）、Vanguard 全世界股票 ETF（VT）、iShares MSCI 全世界 ETF（ACWI），持股組合內的成分股有 1,365 檔。

若仔細檢視 CRBN 的持股組合，就能發現在地區方面，

美國占整體的 57.98%，之後順序是日本占 6.69%、香港占 4.99%、英國占 3.59%、加拿大占 2.96%。

在產業方面，前 10 名的產業比重如下：科技占 27.14%、金融占 17.47%、非必需消費占 13.31%、健康護理占 11.27%、工業占 11.27%、必需性消費占 7.64%、原物料占 4.03%、通訊占 2.59%、能源占 2.40%、公用事業占 2.31%。

CRBN 投資大企業和中堅企業中，較具 ESG 傾向的公司，而前 10 名企業所占比重相當於整體的 14.76%。前 10 名企業分別是蘋果（3.66%）、微軟（2.56%）、亞馬遜（2.22%）、特斯拉（1.05%）、Facebook（1.04%）、台積電（0.96%）、字母控股 C（0.89%）、字母控股 A（0.82%）、阿里巴巴（0.78%）、騰訊（0.78%）。

挑戰淨零排放的 LOWC

SPDR MSCI 全世界低碳目標 ETF（LOWC）由世界第三大的資產管理公司道富在 2014 年 11 月推出，是一檔以減碳為目標的 ETF。因此，該基金選擇的成分股，是以降低碳排放量為目標的跨國企業。

LOWC 和 CBRN 一樣，追蹤 MSCI ACWI Low Carbon Target Index，和 CRBN、SDG、SDGA 有許多相似之處。

基本上，該 ETF 在保持和市場相同績效的同時，還為了阻擋全球暖化而促進減碳行動；然而，LOWC 和 PBW 或 PBD 等潔淨能源 ETF 不同，其碳強度為 65.10，屬於低強度。

LOWC 的 MSCI ESG 等級為 A，ESG 分數得到 5.80 分。該基金在所有被編入 MSCI ESG 基金評級的同類基金裡，排名前

69％，在全球市場中則包含在前 1％ 內。

截至 2021 年 1 月 20 日，該基金的管理資產逾 8,100 萬美元，各種費用及報酬等管理費為每年 0.20％，還算低廉。基金的本益比為 33.35，股價淨值比為 2.71。

LOWC 的競爭者有 CRBN、SDG、SDGA、VT 和 SPDR 投資組合 MSCI 全球整體股市 ETF（SPGM），持股組合內有 1,583 支成分股。

仔細觀察 LOWC 的持股組合，能發現在不同地區，美國占了整體的 58.01％，另外還有日本（6.76％）、香港（4.99％）、英國（3.57％）和加拿大（2.98％）。

在產業層面上，前 10 名的產業比重為：科技占 27.38％、

圖表 4-2　LOWC 概要

項目	內容	項目	內容
上市日期	2014 年 11 月 25 日	MSCI ESG 等級	A
管理費用	0.20%	MSCI ESG 分數	5.80
管理規模	8,160 萬美元	MSCI 碳強度	65.10
追蹤指數	MSCI ACWI Low Carbon Target Index	一年／三年報酬率	17.01%／9.81%
本益比	33.35	競爭ETF	CRBN, SDG, SDGA, SPGM, VT
股價淨值比	2.71	持有成分股數	1,583

* 資料來源：ETF.com, 2021.01.20。

金融占 17.39%、非必需消費占 13.41%、醫療占 11.64%、工業占 11.17%、必需性消費占 7.59%、基礎材料占 3.94%、通訊占 2.54%、能源占 2.50%、公用事業占 2.39%。

至於企業方面，前 10 名的企業占整體的 15.24%，分別為蘋果（3.68%）、微軟（2.64%）、亞馬遜（2.28%）、特斯拉（1.06%）、Facebook（1.05%）、字母控股 A（0.97%）、台積電（0.95%）、字母控股 C（0.93%）、騰訊（0.85%）、阿里巴巴（0.83%）。

僅投資低碳企業，報酬率仍翻倍——SMOG

VanEck 低碳能源 ETF（SMOG）是資產管理公司範達（VanEck）在 2007 年 5 月推出的低碳能源 ETF。SMOG 的成分股，是在太陽能、風力、生物燃料及地熱能等替代能源及側重能源效率的低碳能源企業中，至少創下 50% 以上收益的企業。

該基金的 MSCI ESG 等級為 A，ESG 分數為 6.73 分；碳強度為 145.73，屬於高強度。在所有被編入 MSCI ESG 基金評級的同類基金裡，SMOG 排名前 59%，在全球市場中則排名前 35%。

截至 2021 年 1 月 20 日，該基金的管理資產達到 3.4 億美元，管理費用為每年 0.62%，較為昂貴。SMOG 追蹤的指數為 Ardour Global Index Extra Liquid，本益比是 113.53，股價淨值比為 6.31。競爭基金有 ICLN、PBW、PBD、FAN、Global X Yieldco 指數 ETF（YLCO[8]），持股組合內有 31 檔成分股。

8　該基金在 2021 年 2 月 1 日變更了基金代碼及名稱，詳見第 146 頁。

觀察 SMOG 的持股組合，可以發現在國家方面，美國占整體的 63.08％，接下來是丹麥（17.08％）、中國（9.01％）、瑞典（3.54％）、西班牙（2.74％）。

在產業方面，排名前 9 分別為：再生能源占 31.01％、汽車和卡車占 19.15％、半導體占 18.57％、電子零件占 13.60％、電力公用事業占 11.51％、獨立電廠占 2.97％、建築材料占 1.66％、重電設備占 0.89％、石油、天然氣、煉油占 0.64％。

企業方面，排名前 10 的企業占整體的 65.46％，分別為特斯拉（9.55％）、蔚來汽車（9.18％）、風能系統公司維特斯（Vestas，8.29％）、美國半導體製造商微晶片科技（Microchip Technology，7.78％）、電源管理公司伊頓（Eaton，7.74％）、

圖表 4-3　SMOG 概要

項目	內容	項目	內容
上市日期	2007 年 5 月 3 日	MSCI ESG 等級	A
管理費用	0.62％	MSCI ESG 分數	6.73
管理規模	3 億 3,965 萬美元	MSCI 碳強度	145.73
追蹤指數	Ardour Global Index Extra Liquid	一年／三年報酬率	130.12％／41.58％
本益比	113.53	競爭 ETF	ICLN, PBD, PBW, FAN, YLCO
股價淨值比	6.31	持有成分股數	31

* 資料來源：ETF.com, 2021.01.20。

中國汽車製造商比亞迪（5.29％）、氫燃料電池製造商普拉格能源（Plug Power，5.13％）、丹麥最大能源公司沃旭能源（Ørsted，4.34％）、電池與電子材料製造商三星 SDI（4.11％）、美國能源技術公司 Enphase Energy（4.05％）。

03

代表永續成長的兩大重要標的

在這裡，我會介紹並比較兩個以永續成長為主題的代表性 ESG ETF——SDGA 和 SDG。

這兩檔 ETF 都在美國市場上交易，SDG 的特點是，其持有的成分股為跨國股票，這些公司的目標是促進教育和氣候變遷等，和聯合國永續開發目標相關的主題。

SDG 專門挑選在實踐 ESG 這件事上數一數二的企業，代表這些公司的產品和服務，都能夠積極改變聯合國指明的社會及環境問題。

而 SDGA 最大的特徵，是它在慈善和投資報酬方面都相當優秀。

SDGA 追蹤晨星的 Morningstar Societal Development Index，該指數旨在向全球企業提供與 SDGs 相關的政策與行動，並積極援助 47 個全球最貧窮國家。

解決教育等社會問題的 SDG

iShares MSCI 全球可持續發展目標 ETF（SDG）由貝萊德在 2016 年 4 月推出，是一檔以永續成長為主題的全球影響力 ESG

ETF。

該基金投資的公司，皆提供解決特定環境及社會性問題的產品和服務，並藉這些產品和服務創下 50% 以上收益。SDG 追蹤 MSCI ACWI Sustainable Impact Index 的表現，此一指數排除了不到 ESG 最低標準的公司。

SDG 將焦點放在先進市場的大型股公司，遵循投資成長股和價值股兩種股票的混合策略，並追蹤產品及服務是否與 SDGs 有關，藉此創造收益的公司。

該基金的 MSCI ESG 等級為 AA，ESG 分數為 7.39；此外，碳強度為 167.80，強度偏高。SDG 在所有被編入 MSCI ESG 基

圖表 4-4　SDG 概要

項目	內容	項目	內容
上市日期	2016 年 4 月 20 日	MSCI ESG 等級	AA
管理費用	0.49%	MSCI ESG 分數	7.39
管理規模	3 億 4,598 萬美元	MSCI 碳強度	167.80
追蹤指數	MSCI ACWI Sustainable Impact Index	一年／三年報酬率	47.63%／19.10%
本益比	34.33	競爭 ETF	CRBN, LOWC, SDGA, VT, SPGM
股價淨值比	2.33	持有成分股數	133

* 資料來源：ETF.com, 2021.01.20。

金評級的同類基金裡，排名前 80％，在全球市場中則在前 1％以內。

截至 2021 年 1 月 20 日，該 ETF 的管理資產約為 3.46 億美元，各種費用及報酬等管理費為每年 0.49％，相較於其他基金費用較高。

另外，SDG 的本益比為 34.33，股價淨值比則是 2.33，競爭基金有 CRBN、LOWC、SDGA、VT、SPGM。

其持股組合內有 133 檔成分股，若仔細觀察該持股組合，可以發現在地區方面，美國占整體的 28.28％，接著依序是日本（14.99％）、香港（10.62％）、丹麥（8.07％）以及英國（7.66％）。

至於產業，前 9 名的產業所占比重分別為：健康護理占 19.64％、必需性消費占 19.64％、工業占 15.13％、非必需消費占 14.67％、原物料占 11.52％、金融占 7.52％、能源占 5.83％、公用事業占 4.72％、科技占 1.33％。

在企業方面，前 10 名企業所占比重相當於整體的 37.53％，分別是特斯拉（6.23％）、跨國材料科技集團優美科（Umicore，4.59％）、維特斯（4.55％）、跨國永續技術公司莊信萬豐（Johnson Matthey，4.02％）、東日本旅客鐵道（通稱 JR 東日本，3.67％）、美國生物製藥公司吉利德科學（Gilead Sciences，3.31％）、美國製藥公司安進（Amgen，3％）、跨國個人護理用品製造商金百利克拉克（Kimberley-Clark，2.74％）、智利紙漿和造紙公司 Empresas CMPC（2.73％）、中國肉類食品集團萬洲國際（2.69％）。

SDGA，支援最貧窮的 47 個國家

我們為什麼要買 ETF？的確，投資的目標是為了賺錢，ESG ETF 也不例外。但除了將股東的報酬最大化以外，你想不想也順便幫助低開發國家永續發展？

假如你買了 ETF，就能支援坦尚尼亞的小規模地區農場，或是能夠支援烏干達的現代化專案，讓該國食品市場現代化，不是很棒嗎？如果 ETF 可以同時拿來獲利和做慈善，像是為尼泊爾中小企業的所有人，提供行動支付及行動網銀等功能，你會感到心動嗎？

其實，這就是 SDGA 的核心。這檔 ETF 專門支援慈善團體 UNCDF，UNCDF 旨在消除貧困，而 SDGA 就是它的夥伴。此基金最大的特點，在於慈善和報酬兩個方面都能創下卓越的績效。

SDGA 是由業界第一個非營利 ETF 發行公司 Impact Shares 在 2018 年 9 月推出的第三檔基金，Impact Shares 因其特殊的持股方式，使所有投資到 SDGA 的金錢，都會轉換成幫助全球經濟開發項目的資金。SDGA 力求平和與繁榮，追蹤 17 項與 SDGs 有關、完成度高的全球指數。

SDGA 根據 UNCDF 開發的社會投資標準，對全世界的中大型股評價。SDGA 評比每間企業的社會發展分數時，會遵循 32 項標準，針對企業倫理、僱用慣例、發包廠商及供應鏈監督、地方參與及財政包容之公司政策與行動來評分。

該基金會干預有嚴重商務爭議等問題的特定產業，也會排除低於 ESG 最低分數的公司，同時利用最佳化程式，選擇在社會發展分數中較高的 200 檔股票。

SDGA 的 MSCI ESG 等級為 A，ESG 分數為 6.53 分；碳強度偏低，為 86.16。該基金在所有被編入 MSCI ESG 基金評級的同類基金裡，排名前 65%，在全球市場中排名前 31%。

截至 2021 年 1 月 20 日，該基金的管理資產為 388 萬美元，各種費用及報酬等管理費為每年 0.75%，偏昂貴。SDGA 追蹤的指數是 Morningstar Societal Development Index。

其本益比為 32.84，股價淨值比為 2.86，一年報酬率有 17%，算報酬率高的基金。競爭基金有 CRBN、LOWC、SDG、VT、SPGM，持股組合裡有 123 檔成分股。

仔細觀察 SDGA 的持股組合，可以發現在國家方面，美國占整體的 67.49%，接著依序是瑞士（9.56%）、澳洲（5.01%）、

圖表 4-5　SDGA 概要

項目	內容	項目	內容
上市日期	2018 年 9 月 20 日	MSCI ESG 等級	A
管理費用	0.75%	MSCI ESG 分數	6.53
管理規模	388 萬美元	MSCI 碳強度	86.16
追蹤指數	Morningstar Societal Development Index	一年報酬率	16.94%
本益比	32.84	競爭 ETF	CRBN, SDG, LOWC, VT, SPGM
股價淨值比	2.86	持有成分股數	123

* 資料來源：ETF.com, 2021.01.20。

法國（3.52％）、德國（2.69％）、英國（2.40％）、丹麥（1.79％）、加拿大（1.43％）、瑞典（1.38％）、日本（1.37％）。

在產業方面，前 10 名所占比重分別為：金融占 18.39％、健康護理占 16.82％、非必需消費占 16.04％、科技占 11.72％、必需性消費占 11.55％、能源占 10.18％、工業占 6.54％、原物料占 5.49％、公用事業占 2.66％、通訊占 0.61％。

至於企業，名列前 10 名的公司為整體的 49.48％，分別是微軟（9.04％）、共同基金[9]（7.91％）、美國銀行（Bank of America，5.30％）、華特迪士尼（4.50％）、Enphase Energy（4.37％）、雀巢（4.17％）、寶僑（4.14％）、羅氏控股（3.68％）、美國製藥企業默克（Merck&Co，3.25％）和星巴克（Starbucks，3.12％）。

9　ESG 基金分類裡包含 ETF 和共同基金，這邊指的是投資 ESG 的共同基金；永續 ETF 持有的前 10 名企業中，包含實踐 ESG 之共同基金的現象，其實非常少見，以 2022 年 5 月 31 日為基準，SDGA 已經無持有共同基金。

04

潔淨能源未來最受矚目

2020 年新冠病毒大流行期間，可以解決氣候問題的潔淨能源技術，包含朝再生永續能源的轉換，以及氫燃料電池、風能及太陽能的解決方案在內，這些技術皆備受矚目。

因為這場疫情，政府和企業都加快採用潔淨能源的速度，潔淨能源 ETF 在利潤和資產方面，都呈現相當可觀的成長。以下，我將介紹九個市值大、流動性豐富的氣候危機主題 ETF。

潔淨能源最大規模基金，ICLN

iShares 全球乾淨能源 ETF（ICLN），由貝萊德的 ETF 品牌 iShares 在 2008 年 6 月發行，該基金追蹤的市值加權指數，包含參與潔淨能源相關事業、流動性豐富的 30 間新再生能源企業。

我在這一章探討的 21 檔 ESG ETF，以及新再生能源 ETF 中，ICLN 的市值最高。其市值在 2021 年 1 月達到 66 億美元，自 2020 年 3 月以來，在短短十個月內就幾乎翻了 3 倍。

ICLN 會有這樣的好成績，都得益於普拉格能源、紐西蘭電力公司 Meridian Energy 及 Enphase Energy 這些排名在 ETF 前幾名的成分股，它們被歸類為美國最具潛力的公司後，市值在一年

內出現三位數的上漲。

　　此 ETF 追蹤非常多元的新再生能源股持股組合，並在太陽能產業投入相當大的比重，該基金持有 55% 的太陽能企業及 20% 的風能企業。除此之外，連地熱能、水力能、生物能源等所有新再生能源相關企業，也是它的投資對象，而且 ICLN 還持有研發時必須使用到的設備和技術之公司。

　　ICLN 的 MSCI ESG 等級為 AA，ESG 分數為 7.25 分；碳強度高，為 234.27。該基金在所有被編入 MSCI ESG 評級的同類基金裡，排名前 78%，在全球市場中則排名前 48%。

　　截至 2021 年 1 月 20 日，ICLN 管理的資產有 66.6 億美元，和其他新再生能源 ETF 相比，市值規模最大，是一檔像 TAN 一

圖表 4-6　ICLN 概要

項目	內容	項目	內容
上市日期	2008 年 6 月 24 日	MSCI ESG 等級	AA
管理費用	0.48%	MSCI ESG 分數	7.25
管理規模	66.6 億美元	MSCI 碳強度	234.27
追蹤指數	S&P Global Clean Energy Index	一年／三年報酬率	165.70%／51.78%
本益比	50.21	競爭 ETF	QCLN, PBW, PBD, SMOG, FAN
股價淨值比	3.39	持有成分股數	33

* 資料來源：ETF.com, 2021.01.20。

樣具有比較優勢的基金。

　　它的各種費用及報酬等管理費用低，為每年 0.48％，若考慮到 ICLN 是被動型基金（passive fund）[10] 這點，那費用的確偏高，但和同行的 Invesco 全球乾淨能源 ETF（PBD）及 Invesco WilderHill 乾淨能源 ETF（PBW）相比，費用其實已經很低了，而 ICLN 的管理費與 SMOG 的管理費也形成對比，後者的管理費每年為 0.62％～0.75％。

　　ICLN 追蹤 S&P Global Clean Energy Index 的表現，本益比為 50.21，股價淨值比為 3.39。競爭基金有 First Trust 納斯達克 Clean Edge 清潔綠能指數 ETF（QCLN）、PBW、PBD、SMOG、First Trust 全球風力能源 ETF（FAN），特別是近三年，ICLN 和以風能為中心的 FAN 及專注在太陽能的 TAN 非常相近。

　　相較於 PBW、QCLN、ALPS 乾淨能源 ETF（ACES）、景順清潔科技類股 ETF（ERTH）等其他潔淨能源 ETF，該基金投資太陽能企業的比重較高，若將太陽能和風能兩部分加總起來，比重高達 75％。

　　ICLN 市值規模大，是檔交易活絡的代表性商品，對於想集中投資太陽能、風力能源的散戶來說，再適合不過。

　　最後，ICLN 持有 33 檔成分股，若觀察其持股組合，可以發現在國家方面，美國占了整體的 34.50％，接著依序是紐西蘭（9.98％）、丹麥（9.39％）、西班牙（6.83％）、加拿大

10　亦稱指數型基金，一般選取特定的指數成分股，不主動尋求超越市場表現，而是試圖複製指數的表現，收益不會太高也不會太低。

（6.16％）。該基金與競爭對手 PBW 的差異在於，ICLN 的持股組合除了美國以外，還分散投資在許多國家。

於產業方面，排名前 5 的產業比重如下：再生能源發電占 44.55％、電力公用事業占 32.10％、獨立電廠占 15.16％、多元公用事業（multi-utility）[11] 占 4.69％、再生燃料占 1.74％。

而在企業方面，前 10 名企業的比重相當於整體的 49.76％，分別為普拉格能源（10.11％）、Enphase Energy（5.46％）、Meridian Energy（4.98％）、奧地利最大電力供應商 Verbund（4.37％）、紐西蘭電力供應商 Contact Energy（4.37％）、中國太陽能企業信義光能（4.35％）、德國電子與電機公司西門子（Siemens，4.33％）、美國可再生能源技術供應商奧瑪特科技（Ormat Technology，4.01％）、維特斯（3.94％），以及西班牙可再生能源公司 EDP Renováveis（3.84％）。

ETF 績效排行榜第 3 名，PBW

Invesco WilderHill 乾淨能源 ETF（PBW）是一檔美國具代表的再生能源 ETF，其追蹤指數為 WilderHill Clean Energy Index。PBW 投資太陽能、風力、水力、生物燃料等與環保和再生能源有關的企業，並追蹤與潔淨能源或能源儲存（energy storage）有關的五十多間企業的等權指數[12]。

仔細觀察 PBW 的持股比例，可以得知該基金持有 30％

11　同時跨足電力、天然氣、自來水供應、廢水回收及熱能供應等所有相關之公用事業。

12　指數 ETF 加權方式之一。

的太陽能、14% 的二次電池和 7% 的風能企業，和競爭基金 ICLN、QCLN 相比，較不側重於特定主題，且中小型股比重相對較高。

因此，PBW 適合希望在投資太陽能、二次電池的同時，也能將部分資金分散到風力、水資源等領域的散戶。再者，ICLN 主要以跨國企業作為持股成分，而 PBW 的特點則是僅投資於在美國交易所上市的公司。

PBW 涵蓋的範疇非常多元，成分不局限於風能、太陽熱能、生物燃料及地熱能產業，還包含建立在所有再生能源領域基礎上的公司。它將所持公司股份限制在 4% 內，使其無法集中在像第一太陽能（First Solar）[13] 這種支配性地位高的企業。但僅管如此，該基金在潔淨能源領域，仍是一檔受歡迎且具流動性的商品。

2020 年，ETF.com 在超過 6,000 檔 ETF 中選出了前 20 名 ETF，PBW 名列第三，該基金在 2020 年的年報酬率達 162%。

其 MSCI ESG 等級為 BBB，ESG 分數為 5.31，碳強度偏高，有 218.06。PBW 在所有被編入 MSCI ESG 基金評級的同類基金裡，排名前 34%，在全球市場中則排名前 10%。

PBW 由資產管理公司 Invesco（景順）[14] 於 2005 年 3 月推出，截至 2021 年 1 月 20 日，管理資產高達 30.3 億美元。各種費用及報酬等管理費用偏高，為每年 0.70%，基金的本益比是

13　美國太陽能光電板製造商，為該產業的全球領先供應商。

14　於理財網站上多稱此公司為 Invesco 而非景順，為方便讀者理解，於本書中亦皆以 Invesco 稱呼。

圖表 4-7　PBW 概要

項目	內容	項目	內容
上市日期	2005 年 3 月 3 日	MSCI ESG 等級	BBB
管理費用	0.70%	MSCI ESG 分數	5.31
管理規模	30.3 億美元	MSCI 碳強度	218.06
追蹤指數	WiderHill Clean Energy Index	一年／三年報酬率	247.09%／71.49%
本益比	-136.45	競爭 ETF	PBD, YLCO, SMOG, FAN, ICLN
股價淨值比	4.26	持有成分股數	57

* 資料來源：ETF.com, 2021.01.20。

負 136.45，股價淨值比為 4.26。其競爭對手有 PBD、YLCO、SMOG、FAN 和 ICLN，且持有 57 檔成分股。

　　仔細觀察 PBW 的持股組合，我們能看到在國家方面，美國占整體的 84.42％，之後依序是中國（8.84％）、加拿大（4.34％）、智利（2.41％）。

　　從產業組合來看，可以知道該基金除了再生能源之外，還由各種與再生能源相關的公司組成，如電子設備及服務、半導體、汽車等，具體來說，比重最高的是再生能源（37.57％）。前 6 名分別如下：再生能源占 37.57％、汽車和卡車機械占 11.62％、電力公用事業占 9.18％、半導體占 8.11％、化學產品占 6.65％、建設占 4.57％。

在企業方面，前 10 名企業的比重占整體的 25.8%，分別為綠能商品製造商 ReneSola（4.69%）、美國礦業公司 Lithium Americas（2.94%）、中國能源公司大全新能源（2.66%）、普拉格能源（2.52%）、美國清潔能源儲存系統製造商 Eos Energy（2.25%）、加拿大電動公車製造商 GreenPower Motor Company（2.20%）、印度獨立發電商 Azure Power（2.18%）、加拿大高能鋰電池生產商巴拉德動力公司（Ballard Power，2.16%）、奧瑪特科技（2.11%）和特斯拉（2.09%）。

完全沒有化石燃料的 ERTH

完全沒有暴露於化石燃料的基金中，較不出名的 ESG ETF 包含 Change Finance 美國大型無化石燃料 ETF（CHGX）、KraneShares MSCI 中國清潔科技指數 ETF（KGRN）和 Invesco MSCI 永續未來 ETF（ERTH）[15]。

ERTH 追蹤潔淨科技的等權指數表現，並投資潔淨科技相關產業營收比重在 50% 以上的企業。該基金由資產管理公司 Invesco 在 2006 年 10 月推出，雖然市值規模較小，但上市之後長期投資績效不錯。

與潔淨能源相關的五個 ETF──ICLN、PBW、QCLN、ACES 和 ERTH 當中，ERTH 是最不集中投資於太陽能、二次電池、風力、水資源這四項主題的 ETF，在這四項產業依序各持有 15%、2%、13% 和 7%，是潔淨能源 ETF 當中，水資源占比最

15　該 ETF 的交易所代碼原為 PZD，但於 2021 年 3 月正式改名為 ERTH，為方便讀者搜尋，在此皆以 ERTH 稱呼。

高的一檔商品。

ERTH 追蹤潔淨科技指數（Cleantech Index）[16]，從施耐德電機（Schneider Electrics）這類大企業，到諾維信（Novozymes）等化學公司，該基金擁有全球各種與潔淨技術產業相關企業所組成的持股組合。

其 MSCI ESG 等級為 AA，ESG 分數為 7.22 分；碳強度非常低，為 65.56。而在所有被編入 MSCI ESG 基金評級的同類基金裡，ERTH 排名前 91%，在全球市場中則排名前 92%。

截至 2021 年 1 月 20 日，ERTH 管理的資產達 5.2 億美元，

圖表 4-8　ERTH 概要

項目	內容	項目	內容
上市日期	2006 年 10 月 24 日	MSCI ESG 等級	AA
管理費用	0.65%	MSCI ESG 分數	7.22
管理規模	5 億 1,894 萬美元	MSCI 碳強度	65.56
追蹤指數	Cleantech Index	一年／三年報酬率	62.36%／23.23%
本益比	53.86	競爭 ETF	EVX
股價淨值比	4.38	持有成分股數	50

* 資料來源：ETF.com, 2021.01.20。

16 現已改為 MSCI Global Environment Select Index，該指數由專注於提供產品或服務的公司組成，這些產品或服務更有效的利用全球資源，來為環境永續發展的經濟做出貢獻。

管理費用偏昂貴，為每年 0.65%，本益比是 53.86，股價淨值比為 4.38。競爭基金有 VanEck 環境服務業指數 ETF（EVX），持股組合中有 50 檔成分股。

檢視 ERTH 的持股組合，可以發現在國家方面，美國占整體的 65.60%，之後依序是瑞士（6.25%）、丹麥（5.61%）、挪威（3.75%）、英國（3.71%）。在產業方面，前 7 名產業所占的比重如下：工業占 34.54%、科技占 23.21%、能源占 20.32%、基礎材料占 5.97%、非必需消費占 4.82%、公用事業占 4.05%、金融占 2.08%。

在企業層面，前 10 名所占的比重為整體的 29.33%，分別為全球材料技術及回收集團優美科（Umicore，3.15%）、美國家用太陽能電池板和電池供應商 Sunrun（3.09%）、專精於空調、機械設備和能源的江森自控（Johnson Controls，3.0%）、Enphase Energy（2.94%）、全球生命科學公司歐陸檢驗（Eurofins，2.93%）、碳化矽（SiC）技術和生產商 Wolfspeed（2.9%）、西門子（2.89%）、全球最大工程公司之一的 ABB（2.85%）、美國從事測繪技術開發和應用的高科技公司天寶導航（Trimble，2.83%）、施耐德電機（2.75%）。

專門投資第四級產業的 QCLN

QCLN 的全名為 First Trust 納斯達克 Clean Edge 清潔綠能指數 ETF，是一檔投資再生能源和第四級產業之科技企業的 ETF。

該基金由再生能源生產企業、尖端材料、智慧電網（smart grid）[17]、能源儲存裝置、電動車製造及研發及流通安裝企業所組成，追蹤美國潔淨能源相關上市企業的市值加權指數。

和 ICLN、PBW、QCLN、ACES、ERTH 比較過後，我發現 QCLN 持有的二次電池比重最高，在太陽能、二次電池、風力和水資源企業則各持有 33％、15％、1％ 和 1％。

企業若要被編入 QCLN，必須至少符合下列四項標準其中一項：一、尖端材料（促進潔淨能源的使用，或減少石油製品的必要性）；二、智慧能源（智慧電網）；三、能源儲存及轉換（混成式電池）；四、可再生發展（太陽光、風力、地熱等）。

圖表 4-9　QCLN 概要

項目	內容	項目	內容
上市日期	2007 年 2 月 8 日	MSCI ESG 等級	A
管理費用	0.60%	MSCI ESG 分數	5.90
管理規模	30 億美元	MSCI 碳強度	162.36
追蹤指數	NASDAQ Clean Edge Green Energy Index	一年／三年報酬率	205.61%／57.25%
本益比	522.46	競爭 ETF	ACES, CNRG
股價淨值比	5.42	持有成分股數	44

* 資料來源：ETF.com, 2021.01.20。

17　運用資訊、通信與自動化科技，在發電、輸電及配電裝設電腦監控設備及系統，蒐集資訊後調整電力的生產與配置，達到高效配電與節能減碳的效果。

這檔 ETF，是此領域中最便宜也最易流動的商品之一，其 MSCI ESG 等級為 A，ESG 分數為 5.90 分，碳強度則為 162.36。該基金由資產管理公司第一信託（First Trust）在 2007 年 2 月推出。

在所有被編入 MSCI ESG 基金評級的同類基金裡，QCLN 排名前 49％，在全球市場中則排名前 28％。

截至 2021 年 1 月 20 日，該基金管理的資產約為 30 億美元，各種費用及報酬等管理費用高，為每年 0.60％。QCLN 追蹤 NASDAQ Clean Edge Green Energy Index 的表現，本益比為 522.46，股價淨值比為 5.42。

其競爭基金有 ACES 和 SPDR 標普 Kensho 乾淨能源 ETF（CNRG），持股組合內持有 44 檔成分股。

QCLN 於 2020 年的報酬率為 205％，績效相當優秀。此基金還曾在 2020 年 12 月，於 ETF.com 網站評選的最佳 20 檔 ETF 中位居第五。

檢視 QCLN 的持股組合，可看到在國家方面，美國占整體的 78.33％，接著是中國（14.77％）、加拿大（6.08％）、智利（0.83％）。

在產業方面，前 5 名的產業比重為：再生能源占 34.04％、汽車和卡車機械占 20.42％、半導體占 14.84％、電力公用事業占 7.03％、電子零件和設備占 6.62％。

在企業方面，前 10 名企業相當於整體的 55.29％，分別是特斯拉（8.96％）、Enphase Energy（7.39％）、普拉格能源（7.08％）、蔚來汽車（6.83％）、專業化學品製造公司雅保（Albemarle，5.63％）、智慧能源解決方案公司 SolarEdge

（4.46%）、美國半導體供應商安森美（Onsemi，3.95%）、Sunrun（3.82%）、Wolfspeed（3.79%）和經營可再生能源資產的合夥企業 Brookfield Renewable Partners（3.38%）。

關注風能與太陽能的 ACES

ALPS 乾淨能源 ETF（ACES），由資產管理公司 ALPS 於 2018 年 6 月推出，追蹤參與潔淨能源產業的北美企業的市值加權指數，擁有太陽能（30%）、二次電池（4%）、風能（15%）、水資源（3%）相關企業的股票，ACES 成分中，太陽能和風能的比重高（45%），僅次於 ICLN。

該基金適合希望在投資太陽能和風能的同時，能夠將一部分分散至二次電池、水資源等的散戶，其持股成分以市值加權計

圖表 4-10　ACES 概要

項目	內容	項目	內容
上市日期	2018 年 6 月 29 日	MSCI ESG 等級	A
管理費用	0.55%	MSCI ESG 分數	6.8
管理規模	10.9 億美元	MSCI 碳強度	315.83
追蹤指數	CIBC Atlas Clean Energy Index	一年報酬率	157.27%
本益比	298.37	競爭 ETF	QCLN, CNRG
股價淨值比	4.81	持有成分股數	34

* 資料來源：ETF.com, 2021.01.20。

算，對個別股票計以 5％ 的上限。

ACES 的 MSCI ESG 等級為 A，ESG 分數為 6.80 分；碳強度高，為 315.83。

ACES 在所有被編入 MSCI ESG 基金評級的同類基金裡，排名前 77％，在全球市場中則排名前 46％。

截至 2021 年 1 月 20 日，該基金管理的資產達 10.9 億美元，各種費用及報酬等管理費用高，每年為 0.55％。ACES 追蹤 CIBC Atlas Clean Energy Index 的表現，本益比為 298.37，股價淨值比為 4.81，競爭對手有 QCLN 和 CNRG。

ACES 的持股組合內有 34 檔成分股，因為年報酬率高達 109％，該基金在 2020 年 12 月底，被 ETF.com 網站於最佳 20 檔 ETF 中評選為第 10 名。

仔細看 ACES 的持股組合，可以發現在國家方面，美國占整體的 78.61％，接著是 21.39％ 的加拿大，ACES 由這兩個國家構成整個投資組合。

在產業方面，前 5 名的占比如下：再生能源占 36.43％、電力公用事業占 16.33％、獨立電廠占 11.01％、半導體占 10.04％、汽車和卡車機械占 7.88％。

而在企業方面，前 10 名企業占了整體的 53.81％，分別為普拉格能源（9.20％）、巴拉德動力公司（6.08％）、Enphase Energy（5.59％）、特斯拉（5.19％）、Sunrun（5.19％）、新紀元能源（NextEra Energy，4.86％）、Wolfspeed（5.03％）、Brookfield Renewable Partners L.P.（4.44％）、第一太陽能（4.17％）、加拿大獨立能源開發商北陸能源（Northland Power，4.06％）。

投資跨國再生能源，每季調整組合的 PBD

資產管理公司 Invesco 於 2007 年 6 月推出的 Invesco 全球乾淨能源 ETF（PBD），聚焦在潔淨能源，追蹤使用相同加權之企業的指數，以追求 Wilderhill New Energy Global Innovation Index 績效為目標。

該指數由貢獻潔淨能源發展及保存之企業組成，基金和指數會按季度重新調整或重組。

為求多角化投資，該基金每個企業的持有量最高限制在 5％以內，並將資產的一半投資在全球。PBD 囊括保存、改善能源效率及發展再生能源的企業，被動投資多樣跨國再生能源公司。

圖表 4-11　PBD 概要

項目	內容	項目	內容
上市日期	2007 年 6 月 13 日	MSCI ESG 等級	A
管理費用	0.75%	MSCI ESG 分數	6.45
管理規模	4 億 5,147 萬美元	MSCI 碳強度	206.75
追蹤指數	Wilderhill New Energy Global Innovation Index	一年／三年報酬率	150.70%／42.55%
本益比	90.83	競爭 ETF	PBW, ICLN, FAN, SMOG, YLCO
股價淨值比	3.6	持有成分股數	85

* 資料來源：ETF.com, 2021.01.20。

PBD 的 MSCI ESG 等級為 A，ESG 分數為 6.45 分，碳強度為 206.75，屬高強度。PBD 在所有被編入 MSCI ESG 基金評級的同類基金裡，排名前 46％，在全球市場中則排名前 24％。

截至 2021 年 1 月 20 日，該基金的管理資產超過 4.51 億美元，各種費用及報酬等管理費用高，為每年 0.75％。基金的本益比為 90.83，股價淨值比為 3.6；競爭基金有 PBW、ICLN、FAN、SMOG、YLCO，持股組合內持有 85 檔成分股。該基金的年報酬率高達 150.7％，在 2020 年 ETF.com 評選的最佳 20 檔 ETF 裡，得到第 8 名。

觀察 PBD 的持股組合，可以發現從地區來看，美國占比最高，占 29.73％，接著是中國（7.76％）、德國（6.99％）、加拿大（6.42％）、香港（5.70％）。從產業來看，前 5 名的產業比重分別如下：再生能源占 32.73％、電力公用事業占 14.45％、獨立電廠占 8.18％、電力占 7.25％、半導體占 6.53％。

從企業來看，前 10 名企業占了整體的 15.48％，分別為 ReneSola（2.52％）、Lithium Americas（1.82％）、普拉格能源（1.76％）、美國燃料電池能源公司（FuelCell Energy，1.54％）、Eos Energy（1.41％）、巴拉德動力公司（1.40％）、GreenPower（1.32％）、英國聚合物電解質膜電解裝置製造商 ITM 能源（ITM Power，1.32％）、中國福萊特玻璃（1.20％）、太陽能電池製造商 Maxeon Solar（1.19％）。

所有 ETF 中績效排名第 13 的 CNRG

SPDR 標普 Kensho 乾淨能源 ETF（CNRG）由道富公司於 2018 年 10 月發行，並追蹤與潔淨能源領域有關的美國股票加權

指數。

CNRG 於 2020 年的年報酬率為 104%，在排名前 20 檔的 ETF 中位居第 13 名；該基金著重於產品和服務方面主導潔淨能源創新的美國上市企業。

其 MSCI ESG 等級為 BBB，ESG 分數為 4.46 分，碳強度則為 494.97，屬於高強度。該基金在所有被編入 MSCI ESG 基金評級的同類基金裡，排名前 41%，在全球市場中則排名前 22%。

截至 2021 年 1 月 20 日，該基金管理的資產達 3.45 億美元，各種費用及報酬等管理費用高，為每年 0.45%。CNRG 追蹤的指數為 S&P Kensho Clean Power Index，本益比為 56.99，股價淨值比為 2.86。競爭基金有 QCLN 和 ACES，持股組合中有 39 檔成分股。

圖表 4-12　CNRG 概要

項目	內容	項目	內容
上市日期	2018 年 10 月 22 日	MSCI ESG 等級	BBB
管理費用	0.45%	MSCI ESG 分數	4.46
管理規模	3 億 4,492 萬美元	MSCI 碳強度	494.97
追蹤指數	S&P Kensho Clean Power Index	一年報酬率	172.16%
本益比	56.99	競爭 ETF	QCLN, ACES
股價淨值比	2.86	持有成分股數	39

* 資料來源：ETF.com, 2021.01.20。

觀察 CNRG 的持股組合，在國家方面，美國占 77.75%，接著是中國（11.41%）、加拿大（6.19%）、智利（1.81%）、瑞士（1.65%）。在產業方面，前 5 名的產業比重為：再生能源占 60.71%、電力公用事業占 14.43%、汽車和卡車占 4.66%、建設占 3.96%、多元公用事業占 3.72%。

而在企業方面，前 10 名企業所占比重相當於整體的 53.4%，前 9 名企業為 Sunrun（10.66%）、普拉格能源（7.57%）、太陽能光伏板製造商晶科能源[18]（6.38%）、美國太陽能電池生產商太陽能源（SunPower，4.48%）、Enphase Energy（4.34%）、太陽能光伏組件製造商阿特斯（3.91%）、特斯拉（3.67%）、第一太陽能（2.91%）、美國愛依斯電力公司（AES，2.85%）。

GRID：投資智慧電網及電力能源基礎設施

資產管理公司第一信託於 2009 年 11 月推出的 First Trust 納斯達克 Clean Edge 智慧電網基礎設施指數 ETF（GRID）。

GRID 的股票組成集中於由 Clean Edge 公司所決定、屬於智慧電網及電力能源基礎設施領域的全球股票。基金的持股對象，是在智慧電網和電力能源基礎設施領域中，營業收入不及整體 50% 的企業[19]。這個領域包含電網、電表及設備、網路、能源儲存及管理、推動軟體事業等。

GRID 的 MSCI ESG 等級為 AAA，ESG 分數為 8.60 分；碳強度為 147.31。在所有被編入 MSCI ESG 基金評級的同類基金

18　2021 年，由於被指控強迫維吾爾族工人生產，被美國列為禁止進口企業。

圖表 4-13　GRID 概要

項目	內容	項目	內容
上市日期	2009 年 11 月 17 日	MSCI ESG 等級	AAA
管理費用	0.70%	MSCI ESG 分數	8.60
管理規模	1 億 6,881 萬美元	MSCI 碳強度	147.31
追蹤指數	NASDAQ Clean Smart Grid Infrastructure Index	一年／三年報酬率	53.54%／18.25%
本益比	33.92	競爭 ETF	NFRA, TOLZ, OBOR, INFR
股價淨值比	3.17	持有成分股數	64

* 資料來源：ETF.com, 2021.01.20。

裡，GRID 排名前 99%，在全球市場中亦排名前 99%。

　　截至 2021 年 1 月 20 日，該基金管理的資產達 1.7 億美元，各種費用及報酬等管理費用為每年 0.70%。GRID 追蹤的指數為 NASDAQ Clean Smart Grid Infrastructure Index，本益比為 33.92，股價淨值比為 3.17。

　　GRID 的競爭基金包含 FlexShares STOXX 全球整體基礎建

19　根據 GRID 公開說明書的投資策略，Clean Edge 將符合條件的公司分為「單一經營公司」和「多角化經營公司」。單一經營公司至少每年要有 50% 的收入，來自智慧電網或電力能源基礎設施等相關領域；多角化經營公司則必須在這些領域中，每年獲得 10%～50%，或至少 10 億美元的收入。

設 ETF（NFRA）、ProShares DJ Brookfield 全球基礎建設 ETF（TOLZ）、KraneShares MSCI 一帶一路 ETF（OBOR）、Legg Mason 全球基礎建設 ETF（INFR）[20]，有 64 檔成分股。

觀察 GRID 的持股組合，可以發現從國家看來，美國占比最高，為 65.81%，接著是瑞士（8.42%）、義大利（8.22%）、法國（7.91%）、西班牙（3.41%）。

至於產業層面，前 6 名所占比重如下：工業占 55.98%、非必需消費占 13.29%、科技占 11.98%、能源占 9.65%、公用事業占 9.07%、基礎材料占 0.03%。

而從企業來看，排名前 10 的企業占整體的 59.59%，前 10 名企業為車輛電氣系統組件製造商安波福（Aptiv PLC，8.62%）、江森自控（8.02%）、ABB（7.92%）、施耐德電機（7.56%）、伊頓（7.33%）、Enphase Energy（5.15%）、美國承包商廣達服務公司（Quanta Services，4.09%）、SolarEdge（3.77%）、義大利電纜製造商普睿司曼（Prysmian，3.66%）、義大利傳輸系統營運商 Terna（3.47%）。

聚焦於公用事業的再生能源專案——RNRG

Global X 可再生能源生產商 ETF（RNRG）追蹤全球收益型公司（YieldCo）和其他再生能源公司的市價加權指數，YieldCo 指的是為了執行可再生能源專案而設立的控股公司，而這些可再生能源專案，則從大規模的能源公用事業分割而來。

RNRG 由亞洲金融服務組織未來資產（Mirae Asset）於 2015

20　該基金已在 2022 年 2 月下市。

圖表 4-14　RNRG 概要

項目	內容	項目	內容
上市日期	2015 年 5 月 28 日	MSCI ESG 等級	AA
管理費用	0.65%	MSCI ESG 分數	7.58
管理規模	1 億 1,107 萬美元	MSCI 碳強度	-
追蹤指數	Indxx YieldCo & Renewable Energy Income Index	一年／三年報酬率	26.74%／19.56%
本益比	26.96	競爭 ETF	ICLN, PBD, FAN, PBW, SMOG
股價淨值比	1.88	持有成分股數	35

* 資料來源：ETF.com, 2021.01.20。

年 5 月推出，當時基金代碼為 YLCO，該基金投資的範疇包含了風能、太陽熱能、水力發電、地熱能和生物燃料的可再生資源，甚至生產能源的公司。

　　RNRG 的 MSCI ESG 等級為 AA，ESG 分數為 7.58 分。該基金在所有被編入 MSCI ESG 基金評級的同類基金裡，排名前 93%，在全球市場中排名前 1%。

　　截至 2021 年 1 月 20 日，該基金管理的資產超過 1.1 億美元，各種費用及報酬等管理費用為每年 0.65%。

　　在 2018 年 11 月 19 日，基金名稱和投資策略有了改變，該基金原本在 2018 年 11 月 16 日以前，是追蹤 Indxx Global

YieldCo Index，之後改為追蹤 Indxx YieldCo & Renewable Energy Income Index。除此之外，如前面所述，於 2021 年 2 月 1 日，該 ETF 代碼從 YLCO 變成 RNRG ，但依然聚焦於 YieldCo。

RNRG 的本益比為 26.96，股價淨值比為 1.88%。競爭基金有 ICLN、PBD、FAN、PBW、SMOG，持股組合中有 35 檔成分股。

檢視 RNRG 的持股組合，可以知道排名前 5 的國家分別是加拿大（23.96%）、美國（17.04%）、紐西蘭（15.32%）、智利（10.39%）和葡萄牙（5.43%）。

於產業方面，比重前 5 名為：電力公用事業占54.56%、獨立電廠占 19.29%、多元公用事業占 18.72%、商用不動產占 2.56%、封閉型基金（closed-end fund，簡稱 CEF）[21] 占 1.91%。

最後，前 10 名企業所占比重相當於整體的 49.21%，依序為 Brookfield Renewable Partners（7.31%）、Meridian Energy（7.27%）、葡萄牙電力公司（EDP，5.77%）、加拿大可再生能源集團 Algonquin Power（5.60%）、於南美和中美洲營運的電能公司 Enel Américas（5.14%）、北陸能源（4.26%）、法國能源公司 ENGIE（3.77%）、紐西蘭電力公司 Mercury Energy（3.67%）、智利最大電力公司 Enel Generación Chile（3.23%），以及在澳洲上市的澳瓦照能源（AGL Energy，3.19%）。

21　基金發行商透過模型，計算出需要發行的固定份額，持有基金份額的投資者不能贖回，但可以在市場進行交易。

05

再生能源迅速成長

　　第四次工業革命是能源轉換的時代，太陽能產業因發電成本下降和全球需求擴散，在再生能源之中迅速成長，今後前景非常樂觀。而且，由於太陽能技術日新月異，因此費用很可能比風力或水力發電等其他可再生能源更低廉，這一點非常具吸引力。當然，若與化石燃料相比，太陽能更是便宜許多。

　　其實，根據世界最大的獨立投資銀行拉札德（Lazard）在2018 年 11 月的研究報告顯示，大規模太陽能設施的均化發電成本（levelized cost of electricity，簡稱 LCOE）[22] 是每百萬瓦時（MWh）36 美元，而風力方面，每百萬瓦時的價格則暴跌至 29 美元。

　　以前我們認為天然氣、煤炭發電廠或原子爐，是最有效的能源生產方法，但這項結果告訴我們，如今我們可以用比過去還要更便宜的費用發電。而基於上述事實，IEA 預測，在十年後，源自太陽熱的可再生能源，將占全球能源市場的 80%。

22　建造電廠後到電廠關閉為止，將營運期間運轉的平均費用除以該期間的能源總生產量後，算出的經濟評價指標。

TAN：散戶最看好的永續 ETF

在 2020 年，主題式 ETF 中獲得最高績效的，當屬太陽能基金——Invesco 太陽能 ETF（TAN），2020 年一整年美國最受歡迎的主題 ETF 就是它。TAN 在 2018 年後持續上漲，於 2020 年規模甚至增加到 21 億美元，績效仍舊非常可觀，人們也期待 TAN 日後持續大幅成長。

更重要的是，該基金在技術上非常卓越。和其他再生能源 ETF 相比，TAN 正在提高技術水準，從內部來看，其持股主要為技術相關企業，特別是 IT 領域的股票，就占三分之二。儘管市場其他領域非常不穩定，但技術這塊領域依然持續高升。

TAN 追蹤 MAC Global Solar Energy Index 的表現，該指數由引領太陽能產業的企業所組成。而 TAN 將投資比重放在美國和中國（包含香港）市場，偏好小規模企業。其 MSCI ESG 等級為 A，ESG 分數為 6.38 分，碳強度高，為 296.08。TAN 在所有被編入 MSCI ESG 基金評級的同類基金裡，排名前 35％，在全球市場中排名在前 16％。

TAN 由資產管理公司 Invesco 於 2008 年 4 月推出，截至 2021 年 1 月 20 日，管理資產達到 46.9 億美元。該基金的管理費用偏高，為每年 0.69％；至於本益比為 80.86，非常高，股價淨值比則是 2.67。其競爭基金有 ICLN、YLCO、PBW、SMOG 和 FAN，持股組合中持有 26 檔成分股。

依照 MSCI FaCS[23] 看來，TAN 相較之下屬於廉價的 ETF。

23　全名為 MSCI Factor Classification Standards，是建立在 MSCI 的全球股權風險因子模型上、一種評估和報告投資組合因子指標的方法。

圖表 4-15　TAN 概要

項目	內容	項目	內容
上市日期	2008 年 4 月 15 日	MSCI ESG 等級	A
管理費用	0.69%	MSCI ESG 分數	6.38
管理規模	46.9 億美元	MSCI 碳強度	296.08
追蹤指數	MAC Global Solar Energy Index	一年／三年報酬率	222.64%／59.37%
本益比	80.86	競爭 ETF	ICLN, YLCO, PBW, SMOG, FAN
股價淨值比	2.67	持有成分股數	26

* 資料來源：ETF.com, 2021.01.20。

2021 年初雖然有兩、三個月因為股價調整而停滯不動，但基本上還是呈現上漲趨勢。該基金的資產負債表健全，價格變動不大，風險也較低。

　　若仔細觀察 TAN 的持股組合，可以發現在地區方面，美國占了 53.16%，接下來是香港（16.41%）、中國（9.39%）、德國（5.42%）、挪威（4.77%）。在產業方面，前 5 名的產業比重分別是再生能源占 66.82%、獨立電廠占 18.74%、電力公用事業占 6.56%、商用不動產占 3.51% 以及半導體占 2.32%。

　　至於企業層面，前 10 名企業占整體的 60.73%，分別為 Enphase Energy（11.08%）、Sunrun（7.60%）、SolarEdge（7.25%）、信義光能（6.84%）、第一太陽能（5.63%）、大

全新能源（5.42％）、中國保利協鑫能源（4.92％）、挪威可再
生能源公司 Scatec（4.29％）、太陽能源（3.99％）、投資可再
生能源的美國公司 Hannon Armstrong（3.71％）。

06

風能 ETF 股價會明顯上升

在海上風力能源豐富的歐洲，為實現淨零排放，離岸風力發電[24] 和綠氫[25] 特別受到矚目。在風電市場裡，最近英國等國家正在推動的離岸風電，使此市場再度受到關注。

拜登政府也在 2020 年 5 月通過美國境內第一個海洋風力發電專案，並以此為起點，計畫將在 2030 年，把海洋和風力能源擴大到 30 吉瓦（GW）。

若以歐洲復甦基金[26] 為基礎的歐盟共同財政政策，能夠和環保基礎建設的投資計畫互相銜接，那麼，風力能源 ETF 的股價將會明顯上漲。

24　於海上建設風力發電廠，因一般而言海上風力資源較陸上豐富，且風向較為穩定，使得離岸風電在同樣時間內能提供更多電力；而且，因設施遠離民眾居住地，各界對此類鄰避設施的反彈也較小。

25　利用再生能源或核能進行電解水製得的氫氣，在所有氫的生產工序中，碳排放量最低。

26　2020 年 3 月，新冠疫情蔓延至歐洲，使本來已開始緩緩復甦的歐元區經濟受到重創，歐洲中央銀行因而緊急推出大規模擴張性貨幣政策因應，在各界呼籲下，德法兩國推出歐盟復甦基金計畫。

報酬率 65％ 的風力 ETF，FAN

First Trust 全球風力能源 ETF（FAN）由資產管理公司第一信託在 2008 年 6 月推出，顧名思義，該基金是唯一一支以風力產業績效為目標的再生能源 ETF。

太陽能只有陽光照射，且不因雲層等原因使能源生產效率低落的時候，才能產出能源；與此相比，風能的優點在於只要是有風吹的地方，不分晝夜都能持續生產能源。

FAN 對於個別成分股的限制非常嚴格，它追蹤根據流動調整市值、給予加權的風能產業相關企業之指數。該基金的主要特點是，裡頭納入的大多都是歐洲企業，因為歐洲在風能領域較為積極。

不過，這檔 ETF 還有一個嚴格限制，就是特定企業的比重不得超過 8％[27]。

FAN 的 MSCI ESG 等級為 AA，ESG 分數為 8.03 分；碳強度非常高，是 747.77。該基金在所有被編入 MSCI ESG 基金評級的同類基金裡排名前 86％，在全球市場中則排名前 77％。

截至 2021 年 1 月 20 日，該基金管理的資產超過 4.7 億美元，各種費用及報酬等管理費用稍微偏高，為每年 0.62％。FAN 追蹤的指數為 ISE Clean Edge Global Wind Energy Index，本益比為 39.5，股價淨值比為 2.60。競爭基金有 ICLN、PBD、PBW、SMOG、RNRG，持股組合內有 47 檔成分股。

---

27 根據 FAN 的基金概覽，由於指數已經對每間公司使用修改後的市值加權法，因此加權後最大的五家單一經營公司，不得超過整個指數的 8％，而其餘的公司不得超過整個指數的 4％（單一經營公司）以及 2％（多角化經營公司）。

圖表 4-16　FAN 概要

項目	內容	項目	內容
上市日期	2008 年 6 月 16 日	MSCI ESG 等級	AA
管理費用	0.62%	MSCI ESG 分數	8.03
管理規模	4 億 7,341 萬美元	MSCI 碳強度	747.77
追蹤指數	ISE Clean Edge Global Wind Energy Index	一年／三年報酬率	65.84%／23.53%
本益比	39.5	競爭 ETF	ICLN, PBD, PBW, SMOG, RNRG
股價淨值比	2.60	持有成分股數	47

* 資料來源：ETF.com, 2021.01.20。

　　檢視 FAN 的持股組合，可以發現在地區方面，加拿大占整體的 17.42%，接著是丹麥（17.22%）、西班牙（12.28%）、美國（12.13%）、香港（8.49%）。在產業方面，前 5 名產業的比重分別是：電力公用事業占 38.05%、再生能源占 26.68%、獨立電廠占 10.92%、工業集團占 7.21%、多元公用事業占 6.05%。

　　在企業方面，前 10 名企業占整體的 57.82%，分別為以風力發電機系統設計與製造為主的可再生能源公司西門子歌美颯（Siemens Gamesa，8.65%）、維特斯（8.39%）、沃旭能源（7.78%）、北陸能源（7.53%）、中國最大風力發電商龍源電力（7.24%）、可再生能源電力設備製造商 Boralex（5.62%）、

美國可再生能源開發商 Innergex Renewable Energy（3.84%）、複合材料風力葉片製造商 TPI Composites（3.50%）、中國風力發電機系統設計與製造商金風科技（2.78%）、美國跨國企業集團奇異（General Electric，2.49%）。

專門投資風力強國──丹麥的 EDEN

貝萊德在 2012 年 1 月推出的 iShares MSCI 丹麥 ETF（EDEN），追蹤指數為 MSCI Denmark IMI 25/50 Index，該指數用來測量丹麥股市的廣泛市場表現，由 45 間公司組成，包含丹麥股市約 99% 的市值。

EDEN 的 MSCI ESG 等級為 AAA，ESG 分數為 9.49 分；碳強度普通，為 140.61。該基金在所有被編入 MSCI ESG 基金評級的同類基金裡，排名前 99%，在全球市場中則排名前 98%。

截至 2021 年 1 月 20 日，該基金的管理資產逾 1.6 億美元，各種費用及報酬等管理費用偏高，為每年 0.53%。2020 年的年報酬率為 40.2%，本益比為 39.12，股價淨值比為 3.60。EDEN 沒有競爭基金，持股組合中有 48 檔成分股。

觀察 EDEN 的持股組合，可以發現在國家方面，丹麥占 100%，由此可得知，**歐洲最厲害的風電強國就是丹麥**。

在產業方面，前 9 名產業所占比重分別為：健康護理占 39.68%、工業占 16.06%、金融占 9.79%、能源占 9.22%、必需性消費占 9.16%、公用事業占 7.31%、非必需消費占 4.16%、原物料占 3.24%、科技占 1.39%。

在企業方面，前 10 名企業占整體的 67.16%，依序為製藥企業諾和諾德（Novo Nordisk，22.08%）、維特斯（9.13%）、沃旭

圖表 4-17　EDEN 概要

項目	內容	項目	內容
上市日期	2012 年 1 月 25 日	MSCI ESG 等級	AAA
管理費用	0.53%	MSCI ESG 分數	9.49
管理規模	1 億 6,669 萬美元	MSCI 碳強度	140.61
追蹤指數	MSCI Denmark IMI 25/50 Index	一年／三年報酬率	40.2%／13.87%
本益比	39.12	競爭 ETF	N/A
股價淨值比	3.60	持有成分股數	48

* 資料來源：ETF.com, 2021.01.20。

能源（7.24%）、全球最大的物流公司 DSV（6.50%）、生物技術公司 Genmab（4.95%）、醫療產品製造商康樂保（Coloplast，3.95%）、世界第四大啤酒製造商嘉士伯（Carlsberg，3.66%）、快桅（A.P. Møller-Mærsk，3.62%）、丹麥銀行（Danske Bank，3.07%）、生物技術公司諾維信（Novozymes，2.96%）。

07

人們越來越關注二次電池

　　全球整車廠爭先恐後的宣布轉型，轉而出產電動汽車；穿戴式裝置、電動自行車、平衡車、滑板車等個人行動工具也大受歡迎；智慧型手機現在已成為生活必需品，不再只是個選項——這些都是人們越來越關注二次電池的原因。

　　不管是電動汽車、穿戴式裝置、個人行動工具還是智慧型手機，這些都少不了二次電池；但除了在筆記型電腦、攜帶式多媒體裝置和手錶等電子裝置中，在生產或儲存風力和太陽能時，一樣會使用這個東西。

　　二次電池之所以會比一次電池（又稱原電池）還要受到大眾關注，理由在於二次電池只要充電就能多次使用，而一次電池用過一次就必須報廢。

　　二次電池依照充電物質的不同，分為鎳鎘（讀音同涅格）電池、負離子電池、鋰離子電池、聚合物電池和鋰聚合物電池等，其中最廣泛使用的當屬鋰離子電池，這是因為和鎳、鎘、鉛等其他電池材料相比，鋰的重量較輕，但能源密度較高。

　　如同呼應市場氛圍一般，全球頂尖的電池材料相關公司、二次電池生產商及投資電動車價值鏈的整車廠，業績成長皆令人刮

目相看。接下來，就讓我們仔細審視關注電池創新技術的 ESG ETF 代表基金，LIT 和 BATT。

LIT，關注新一代能源──鋰

資產管理公司 Global X 於 2010 年 7 月推出的 Global X 鋰電池技術 ETF（LIT），是一檔期待透過電動車和電池市場的擴張獲利的代表性基金。

除了美國之外，全球有 12 個國家在生產二次電池，該基金分散投資到開採必要材料鋰的企業、二次電池生產企業及整車廠等電動車價值鏈上。對於三星 SDI、LG 化學等韓國企業，也編入了較高的比重。

LIT 的 MSCI ESG 等級為 BBB，ESG 分數中得到 4.69 分。該基金在所有被編入 MSCI ESG 基金評級的同類基金裡排名前 29％，在全球市場中則排名前 32％。

截至 2021 年 1 月 20 日，該基金的管理資產為 27.3 億美元，各種費用及報酬等管理費用高，為每年 0.75％。LIT 追蹤的指數為 Thomson Reuters Global Metal & Mining Index，本益比為 78.0，股價淨值比為 4.16。

其競爭基金有 Global X 銅礦 ETF（COPX）、VanEck 稀土元素／戰略金屬 ETF（REMX）、iShares MSCI 全球金屬與礦產生產商 ETF（PICK）、Amplify 鋰電池科技主動型 ETF（BATT），持有 41 檔成分股。

仔細看 LIT 的持股組合，可發現在地區方面，前 5 名為中國（32.47％）、美國（22.02％）、香港（12.08％）、韓國（11.79％）、日本（6.77％）。

圖表 4-18　LIT 概要

項目	內容	項目	內容
上市日期	2010 年 7 月 22 日	MSCI ESG 等級	BBB
管理費用	0.75%	MSCI ESG 分數	4.69
管理規模	27.3 億美元	MSCI 碳強度	210.49
追蹤指數	Thomson Reuters Global Metal & Mining Index [28]	一年／三年報酬率	132.14%／20.81%
本益比	78.0	競爭 ETF	COPX, REMX, PICK, BATT
股價淨值比	4.16	持有成分股數	41

* 資料來源：ETF.com, 2021.01.20。

　　在產業方面，前 5 名產業所占的比重分別如下：電子零件占 29.76％、商品化學占 28.05％、汽車和卡車製造占 10.56％、農業化學占 5.45％、家庭電器占 5.01％。

　　最後，於企業方面，排名前 10 名的企業相當於整體的 60.84％，分別是雅保（12.48％）、中國鋰產品生產商贛（贛音同幹）鋒鋰業（6.79％）、中國電子菸鋰電池供應商億緯鋰能（5.77％）、特斯拉（5.69％）、比亞迪（5.53％）、三星 SDI（5.44％）、中國電池製造商寧德時代（5.21％）、LG 化學

28　截至 2022 年 5 月，已更改為 Solactive Global Lithium Index。

（4.80％）、松下電器（Panasonic，4.60％）、智利化工礦業（Sociedad Química y Minera，4.53％）。

投資高級電池材料的 BATT

資產管理公司 Amplify ETFs 於 2018 年 6 月推出 Amplify 鋰電池科技主動型 ETF（BATT），該 ETF 追蹤開採或生產鋰、鈷、鎳、錳及石墨的全球尖端電池材料公司之市值加權指數。

BATT 投資全球頂尖的電池材料及電池技術公司，若想進到該基金的候選名單，企業就必須透過開採、探勘、生產、研發、加工或再利用鋰、鈷、鎳、錳或石墨，來獲得整年營收 50％ 以上的收益。

除此之外，高級電池材料在全球市場占有率超過 10％，或是電池材料為主要收入來源的公司，也有資格被納入名單；另外，在電動汽車研發及生產方面，獲取整年營收 90％ 的公司也被包含在內。

BATT 的 MSCI ESG 等級為 BBB，ESG 分數為 5.37 分。該基金在所有被編入 MSCI ESG 基金評級的同類基金裡排名前 33％，在全球市場中則在前 37％ 內。

截至 2021 年 1 月 20 日，該基金的管理資產將近 7,200 萬美元，各種費用及報酬等管理費用為每年 0.59％。BATT 追蹤 Thomson Reuters Global Metal & Mining Index 的表現，本益比為 542.65，股價淨值比為 3.14，一年報酬率有 50.33％，非常優異。其競爭 ETF 有 COPX、LIT、REMX、PICK，持股組合裡有 68 檔成分股。

仔細觀察 BATT 的持股組合，我們可以得知在不同地區，

圖表 4-19　BATT 概要

項目	內容	項目	內容
上市日期	2018 年 6 月 6 日	MSCI ESG 等級	BBB
管理費用	0.59%	MSCI ESG 分數	5.37
管理規模	7,196 萬美元	MSCI 碳強度	302.25
追蹤指數	Thomson Reuters Global Metal & Mining Index [29]	一年報酬率	50.33%
本益比	542.65	競爭 ETF	COPX, LIT, REMX, PICK
股價淨值比	3.14	持有成分股數	68

* 資料來源：ETF.com, 2021.01.20。

中國占比最高，為 26%，接著依序是美國（14.45%）、澳洲（13.26%）、香港（10.51%）以及韓國（9.10%）。在產業方面，排名前 5 的產業比重如下：汽車和卡車製造占 22.97%、電子零件占 16.64%、特殊採礦占 15.22%、商品化學占 11.46%、綜合採礦占 11.38%。

　　在企業方面，前 10 名企業所占比重相當於整體的 44.38%，前 10 名企業為寧德時代（7.36%）、特斯拉（7.17%）、世界最大的綜合礦業公司必和必拓（BHP，6.36%）、比亞迪

29　截至 2022 年 5 月，已更改為 EQM Lithium & Battery Technology Index。

（4.64％）、LG 化學（3.83％）、澳洲金礦及基本金屬公司（Mitre Mining Corporation，3.56％）、蔚來汽車（3.20％）、全球最大的商品交易商嘉能可（Glencore，3.01％）、三星 SDI（2.93％）和贛鋒鋰業（2.32％）。

08

化石燃料時代將告終

將減少化石燃料當成目標的這檔 ETF，最適合希望透過投資來減少化石燃料使用量的散戶。該基金協助想預防氣候變遷的投資者，排除標普 500 中持有化石燃料儲量的公司，讓他們的投資策略核心可以符合減少化石燃料這一價值。

SPDR 標普 500 無化石燃料保本企業 ETF（SPYX）由道富環球投資管理（State Street Global Advisors，簡稱 SSGA）於 2015 年 11 月推出，該基金遵循除去化石燃料相關企業的標普 500 指數。

該 ETF 所追蹤的指數為 S&P 500 Fossil Fuel Free Index，MSCI ESG 等級為 BBB，在滿分 10 分的 ESG 分數裡，分數為 5.28，碳強度為 140.06。在所有被編入 MSCI ESG 基金評級的同類基金裡，SPYX 排名前 74%，在全球市場裡則排名前 70%。

截至 2021 年 1 月 20 日，該基金的管理資產超過 9.17 億美元，各種費用及報酬等管理費用低，為 0.20%。本益比為 34.12，股價淨值比為 4.18，一年報酬率為 17.36%。競爭基金有 IVV、iShares 標普 100 ETF（OEF）、Invesco 標普 500 前 50 大 ETF（XLG）、iShares 羅素 1000 ETF（IWB）和 iShares 羅素

圖表 4-20　SPYX 概要

項目	內容	項目	內容
上市日期	2015 年 11 月 30 日	MSCI ESG 等級	BBB
管理費用	0.20%	MSCI ESG 分數	5.28
管理規模	9 億 1,734 萬美元	MSCI 碳強度	140.06
追蹤指數	S&P 500 Fossil Fuel Free Index	一年／三年 報酬率	17.36%／ 13.14%
本益比	34.12	競爭 ETF	IVV, OEF, XLG, IWB, IWL
股價淨值比	4.18	持有成分股數	481

* 資料來源：ETF.com, 2021.01.20。

200 大 ETF（IWL），持股組合中有 481 檔成分股。

　　仔細觀察構成 SPYX 的持股組合，我們可以發現在國家方面，美國占比為 100％。至於產業方面，前 10 名分別是：科技占 34.53％、非必需消費占 14.55％、醫療占 13.52％、金融占 12.99％、工業占 9.70％、必需性消費占 6.58％、公用事業占 2.95％、原物料占 2.63％、通訊占 1.83％、能源占 0.72％。

　　在企業方面，排名前 10 的企業所占比重為整體的 27.54％，前 5 名企業為蘋果（6.76％）、微軟（5.43％）、亞馬遜（4.46％）、Facebook（2.06％）和字母控股 A（1.81％）。

09

碳排最大國，
中國的環保 ETF

以「世界工廠」之稱馳名的中國，一直以來以製造業為中心加快經濟增長，但最近，中國正承受著全世界對於環境問題的莫大壓力。

於 2018 年，中國的碳排放量為 112 億噸，比美國（53 億噸）、印度（26 億噸）和俄羅斯（17 噸）的總和還多；因此，中國主席習近平在 2020 年 9 月於聯合國大會上宣告，中國將在 2060 年實現碳中和。

接著，在 12 月的聯合國氣候雄心峰會（Climate Ambition Summit）上，他又再次確定了「2060 年碳中和」目標，並表示到 2030 年，中國的二氧化碳排放量將比 2005 年減少 65% 以上。為了達到此目標，中國必須採取強力的環境相關政策，而相關企業有望連帶著大幅成長。

只投資中國綠色企業的 KGRN

資產管理公司金瑞基金（KraneShares）於 2017 年 10 月推出了 KraneShares MSCI 中國清潔科技指數 ETF（KGRN），該 ETF 追蹤潔淨科技，特別是在替代能源、能源效率、永續水資

源、環保建築及汙染防治這五項環境相關主題中，獲得整年營收 50% 以上收益的中國企業之指數。

潛力成分股包含 A 股[30] 和在香港或中國以外地區上市的股票。基金採用市值加權，每一有價證券的加權值被限制在 10%，權重超過 5% 的證券不能超過整體指數比重的 40%，因此，該基金的持股組合非常狹隘，擁有的資產限定在數十檔內，且偏好公用事業及不動產領域的小型股。該指數每半年會重新建構一次。

KGRN 的 MSCI ESG 等級為 A，ESG 分數為 6.34 分；碳強度非常高，為 471.0。該基金在所有被編入 MSCI ESG 基金評級的同類基金裡排名前 67%，在全球市場裡排名前 98%。

截至 2021 年 2 月 25 日，KGRN 的管理資產超過 1.97 億美元，各種費用及報酬等管理費用相當高，為 0.80%。另外，它追蹤 KraneShares MSCI China Environment Index 的表現；本益比為 25.59，股價淨值比為 2.28，一年的報酬率為 134.5%。

其競爭基金有 WisdomTree 中國國企除外 ETF（CXSE）、Invesco 金龍中國組合 ETF（PGJ）、KraneShares 博時 MSCI 中國 A50 互聯互通 ETF（KBA）、KraneShares MSCI 全中國指數 ETF（KALL）和 Xtrackers Harvest 滬深 300 中國 A 股 ETF（ASHR）。持股組合裡有 38 檔成分股。

仔細檢視構成 KGRN 的持股組合，能發現在地區方面，香港占整體的 65.11%、中國占 34.68%、新加坡占 0.22%。

---

30 也稱為人民幣普通股票，指在中國註冊、在中國股票市場上市的普通股，以人民幣認購和交易。

圖表 4-21　KGRN 概要

項目	內容	項目	內容
上市日期	2017 年 10 月 13 日	MSCI ESG 等級	A
管理費用	0.80%	MSCI ESG 分數	6.34
管理規模	1 億 9,737 萬美元	MSCI 碳強度	471.0
追蹤指數	KraneShares MSCI China Environment Index [31]	一年／三年報酬率	134.5%／26.77%
本益比	25.59	競爭 ETF	CXSE, PGJ, KBA, KALL, ASHR
股價淨值比	2.28	持有成分股數	38

* 資料來源：ETF.com, 2021.01.25。

以產業標準來說，占比依序是：非必需消費占 30.22%、能源占 21.35%、工業占 20.57%、公用事業占 13.23%、金融占 7.89%、科技占 6.74%。

在企業方面，排名前 10 的企業占了整體的 62.71%，前 5 名分別為蔚來汽車（8.79%）、信義光能（8.53%）、比亞迪（7.35%）、中國大型綜合環保能源企業保利協鑫能源（6.63%）、投資節能環保解決方案的大型綜合供應商海螺創業（6.53%）。

31　現已改為 MSCI China IMI Environment 10/40 Index。

10

績效最強的 20 檔基金，
ESG 占 10 檔

2020 年的股市績效比任何時候都要來得戲劇化，由於爆發了史上最糟的疫情危機，使實體經濟迅速萎縮，2020 年 3 月股市暴跌，使民眾陷入恐慌；但是，儘管如此，標普 500 卻立刻再次暴漲，使 2020 年平均獲得 15% 的收益，而 ETF 市場也和股票市場一起迅速的成長。

下頁圖表 4-22 是 ETF.com 以全球超過 6,000 檔 ETF 的報酬率為標準，所做出的排名，ETF.com 從中選出 20 檔最優秀的 ETF，於 2020 年 12 月 24 日發布。

如圖表 4-22 所示，若要擠進 2020 年前 10 名 ETF 的行列，年報酬率至少要有 108%，而要進入前 20 名，門檻則是年報酬率近 94%。

從 2020 年創下最高上漲率的 ETF 看來，我們可以知道在科技領域，主要是由方舟投資推出的商品支配了市場。

另外，在獲得最佳績效的 21 檔 ETF 中，替代能源和潔淨能源 ETF 比例最高，舉例來說，TAN、PBW、QCLN 與去年相比，各自上漲了 149% 以上，氣勢如虹。

在第四章中，我介紹了與克服氣候危機相關的 21 檔 ESG

圖表 4-22　2020 年績效最佳的 ETF

排名	代碼	基金名稱	年報酬率
1	ARKG	ARK 生物基因科技革新主動型 ETF	185.32%
2	TAN	Invesco 太陽能 ETF	179.35%
3	PBW	Invesco WilderHill 乾淨能源 ETF	162.00%
4	ARKW	ARK Next 物聯網主動型 ETF	150.77%
5	QCLN	First Trust 納斯達克 Clean Edge 清潔綠能指數 ETF	149.12%
6	ARKK	ARK 新興主動型 ETF	148.25%
7	IBUY	Amplify 網路零售業 ETF	112.22%
8	PBD	Invesco 全球乾淨能源 ETF	112.10%
9	IPO	Renaissance IPO ETF	110.43%
10	ACES	ALPS 乾淨能源 ETF	108.95%
11	KGRN	KraneShares MSCI 中國清潔科技指數 ETF	107.37%
12	ICLN	iShares 全球乾淨能源 ETF	104.88%
13	CNRG	SPDR 標普 Kensho 乾淨能源 ETF	104.76%
14	ONLN	ProShares 網路零售業 ETF	104.58%
15	LIT	Global X 鋰電池技術 ETF	101.83%
16	OGIG	O'Shares 全球互聯網巨頭 ETF	101.57%
17	WCLD	WisdomTree 雲端運算 ETF	101.41%
18	ARKF	ARK 金融科技創新主動型 ETF	101.33%
19	XVZ	iPath 標普 500 動力波動率指數 ETN	96.64%
20	SMOG	VanEck 低碳能源 ETF	93.97%

* 資料來源：ETF.com, 2020.12.24。

* 相關資料推算截至 2020 年 12 月 14 日累計 YTD 的總報酬率。

ETF，經過實證分析，整理出第 172 頁的圖表 4-23 和第 174 頁的圖表 4-24。

首先，我將目前為止分析的 21 檔 ESG ETF 分成兩組，然後集結這 21 檔基金中，在 2020 年 12 月被 ETF.com 選進前 20 名的選手，並歸納出圖表 4-23，稱為 A 組；而沒有在前 20 名的基金，則另外歸納在圖表 4-24，稱為 B 組。

克服氣候危機的 ETF 報酬高，大贏普通基金

第四章的結論可以概括為三點。

第一，如同圖表 4-22 所示，主題為克服氣候危機的 ETF 中，總共有 10 檔擠進前 20 名，而 2020 年與克服氣候危機有關的 ETF 裡，報酬率最高的是 TAN，達到 179% 的高報酬率。

綜觀 ETF 市場，TAN 的年報酬率僅次於方舟投資推出的 ARKG，排在第 2 名。在這份榜單中，從第 2 名到第 20 名的 ESG ETF，主題都是克服氣候危機，能夠得到如此優秀的績效，令人印象深刻。

此外，圖表 4-23 比較了這些 ESG ETF 的管理資產規模、管理費用、報酬率（包含一個月、三個月、一年和三年報酬率）及 ESG 評級和分數。

第二，在圖表 4-24 列出的是雖然不在 ETF.com 評選的前 20 名中，但在第四章裡提過的 11 檔 ESG ETF。我們可以從表中看到這些基金的管理資產規模、管理費用、報酬率、ESG 評級和分數。若比較在榜單裡的 A 組 ETF 和不在榜單裡的 B 組 ETF，你會發現相當有趣的現象。

比較 A 組和 B 組時，可以看出 A 組的規模相對較大。在榜

上的 10 檔 ESG ETF 中，有 6 檔的管理資產規模相當大，最少也有 10 億美元，有些還高達 66 億美元；但是，B 組的 11 檔 ESG ETF，它們的規模全都不到 10 億美元。

還有，在比較兩個組別時，最重要的標準就是報酬率，而如果比較 A 組和 B 組的報酬率，會發現驚人的差異。A 組的 10 檔 ESG ETF，所有期間（一個月、三個月、一年、三年）的績效都比 B 組的 11 檔 ESG ETF 來得高；A 組一年報酬率平均足足有 176％，但 B 組一年報酬率僅有 38％。

那麼兩組的 ESG 指標又怎麼樣？兩個組別的 ESG 等級和 ESG 分數多少有些相似。A 組的平均 ESG 等級為 A，ESG 分數平均為 5.94 分，而 B 組的平均 ESG 等級為 A，ESG 分數平均為 6.99 分，較前者稍高。

第三，這兩組 ETF 若和非 ESG ETF，也就是普通 ETF 比較的話，會怎麼樣？為了比較兩者，我們選出兩個普通 ETF，分別是活絡且規模大的 SPY 和普通 ETF 中最大眾化的 QQQ；SPY 追蹤標普 500 的 500 支上市股票之修正市值加權指數，QQQ 則追蹤 100 支那斯達克上市股票的修正市值加權指數。

要記得的是，這 21 檔克服氣候危機的主題式 ESG ETF，不分 A 組或 B 組，報酬率全都勝過 SPY 和 QQQ，請見第 176 頁圖表 4-25。

由此可見，A 組的報酬率都比 SPY 和 QQQ 來得優秀許多；而 B 組的報酬率比 SPY 優秀，但是如果對上 QQQ，B 組只在一個月和三個月期間的報酬率比較好。

另一個有趣的結果是，當把 SPY 和 QQQ 與全部 21 檔 ESG ETF 拿來比較時，ESG 等級和分數都會降低，因為標普 500 指

數的五百大企業中，至少有 10% 與石油、煤炭、天然氣、武器製造、菸草、大麻、博奕等有關，而這些就是前面講過的反環保罪惡股票。

　　總而言之，在第四章裡介紹的 21 檔 ESG ETF 中，有 10 檔成功擠進 ETF.com 前 20 名中。看到這個結果，我們可以說，克服氣候危機的 ESG ETF 有多優秀，透過報酬率就能證明。

圖表 4-23　克服氣候危機的主題式 ESG ETF（A 組）

分類	代碼 （管理公司）	排名	年報酬率 （％）	管理資產 （美元）
太陽能	TAN（Invesco）	2	179%	4.72 B
潔淨能源	PBW（Invesco）	3	162%	3.10 B
潔淨能源	QCLN（第一信託）	5	149%	3.03 B
潔淨能源	PBD（Invesco）	8	112%	453.51 M
潔淨能源	ACES（ALPS）	10	109%	1.08 B
綠色環保	KGRN（金瑞基金）	11	107%	127.50 M
潔淨能源	ICLN（iShares）	12	105%	6.57 B
潔淨能源	CNRG（道富銀行）	13	104%	651.57 M
鋰＆二次電池	LIT（Global X）	15	102%	2.80 B
低碳排	SMOG（范達）	20	94%	331.0 M
平均				
S&P 500 ETF	SPY（道富銀行）			334.74 B
那斯達克 ETF	QQQ（Invesco）			155.49 B

* 資料來源：ETF.com, 2021.01.24。

* B：Billion，十億美元。

* M：Million，百萬美元。

管理費用 （％）	報酬率（％）				ESG 等級 （分數）
	一個月	三個月	一年	三年	
0.69%	19.67	47.8	241.21	64.71	A（5.78）
0.70%	28.04	77.65	233.37	72.14	BBB（5.31）
0.60%	24.99	64.86	212.86	58.51	A（5.90）
0.75%	21.48	57.4	154.04	44.34	A（6.45）
0.55%	26.07	58.41	161.83	N／A	A（6.8）
0.80%	23.64	48.26	153.15	27.75	A（6.06）
0.48%	20.79	48.15	151.96	50.43	AA（7.25）
0.45%	31.44	59.54	180.92	N／A	BBB（4.46）
0.75%	23.41	65.6	136.49	24.83	BBB（4.69）
0.62%	19.17	52.05	135.5	43.05	A（6.73）
	23.87	57.397	176.43	48.22	A（5.94）
0.09%	3.98	12.28	17.85	13.15	BBB（5.17）
0.20%	4.61	14.05	45.98	25.85	BBB（4.33）

圖表 4-24　克服氣候危機的主題式 ESG ETF（B 組）

分類	代碼 （管理公司）	管理資產 （美元）	管理費用 （%）
低碳排	LOWC（道富銀行）	82.44 M	0.20%
永續性	SDG（iShares）	350.33 M	0.49%
永續性	SDGA（ImpactShare）	3.86 M	0.75%
潔淨能源	ERTH（Invesco）	526.92 M	0.65%
潔淨能源	GRID（第一信託）	175.27 M	0.70%
潔淨能源	RNRG（Global X）	110.42 M	0.65%
風力能源	FAN（第一信託）	491.17 M	0.62%
風力能源	EDEN（iShares）	172.49 M	0.53%
鋰＆二次電池	BATT（Amplify）	74.21 M	0.59%
化石燃料排除	SPYX（道富銀行）	936.49 M	0.20%
低碳排	CRBN（iShares）	646.31 M	0.20%
平均			
S&P 500 ETF	SPY（道富銀行）		
那斯達克 ETF	QQQ（Invesco）		

* 資料來源：ETF.com, 2021.01.24。
* B：Billion，十億美元。
* M：Million，百萬美元。

報酬率（％）				ESG 等級（分數）
一個月	三個月	一年	三年	
4.51	15.66	18.15	10.09	A（5.8）
8.39	23.14	48.24	19.16	AA（7.39）
4.08	15.21	15.49	N／A	A（6.53）
10.15	27.64	57.56	22.06	AA（7.22）
8.96	25.54	54.04	18.77	AAA（8.6）
10.16	23.9	26.73	19.75	AA（7.58）
15.17	32.61	70.66	24.65	AA（8.03）
1.86	11.23	42.14	13.81	AAA（9.49）
21.24	65.02	54.98	N／A	BBB（5.37）
3.38	11.36	18.5	13.67	BBB（5.17）
4.47	15.95	18.02	10.09	A（5.80）
8.39	24.29	38.59	16.89	A（6.99）
3.98	12.28	17.85	13.15	BBB（5.17）
4.61	14.05	45.98	25.85	BBB（4.33）

圖表 4-25　ESG ETF 和普通 ETF 的比較

	一個月 報酬率	三個月 報酬率	一年 報酬率	三年 報酬率
A 組	24%	57%	176%	48%
B 組	8%	24%	39%	17%
SPY	4%	12%	18%	13%
QQQ	4.6%	14%	46%	26%

Chapter 5

這 5 檔社會責任 ETF，年報酬率皆超過 20%

　　美國開國元勳班傑明・富蘭克林（Benjamin Franklin）曾說：「要累積好的名聲，需要做很多善事；而要失去名聲，只需要一件壞事。」

　　企業的價值、口碑和聲望可以毀於一旦，這從過去發生過的眾多 ESG 風險事件中就能看到。

01

與財報無關的無形資產，
也會影響公司股價

　　2001 年美國能源公司安隆公司（Enron）的會計醜聞[1]、2002 年美國通訊公司世界通訊（WorldCom）的會計弊案[2]、2010 年英國石油公司 BP 的漏油事故、2015 年福斯汽車（Volkswagen）的廢氣排放醜聞[3] 等 ESG 風險事件發生後，我們清楚看到相關企業股價暴跌、公司價值下墜的事例。

　　韓國也不例外，有多起相關事件皆起因於企業對社會責任的疏失，像是奪走多條人命的加濕器殺菌劑毒害事件[4]（2011 年）、堅果返航事件[5]（2014 年）、三星生物製劑會計弊案[6]

1　安隆醜聞案，利用會計規範上的漏洞來掩蓋公司合約與項目失敗帶來的數十億美元債務，為美國史上最大破產案。

2　世界通訊採用虛假記帳手段掩蓋不斷惡化的財務狀況，虛構盈利增長以操縱股價的弊案。

3　又稱福斯集團汽車舞弊事件，福斯集團於某些車款中植入可規避官方檢驗的軟體，會自動調整相關參數以通過廢氣排放標準。

4　2011 年 4 月，韓國發生多起不明原因的急性肺病死亡，經調查發現死亡原因起於加濕器殺菌劑，多家相關企業負責人因此受到起訴或監禁。

5　大韓航空副社長因空服員未將夏威夷果仁包裝撕開、裝在盤子內送上，命令機長返航的事件。

（2018 年）等，都深深的印在我們的腦海中。

在 2020 年 5 月，澳洲的礦產公司力拓集團（Rio Tinto）為開採鐵礦，於西澳洲北部的尤坎峽谷（Juukan Gorge）破壞擁有 4.6 萬年歷史的原住民遺跡，引發眾多環境運動人士和投資者的指責，也激起了地區居民的反彈和國際社會的憤怒。最後，力拓集團的執行長和高層因而辭職。

在 2020 年新冠疫情持續不斷的狀況，證明了企業對待大眾和社會的態度，會影響企業的價值與評價。根據市調機構 Ocean Tomo 的研究指出，標普 500 的公司市場價值中，有 84% 以上都是基於品牌及名聲等與財報無關的無形資產；這些無形資產的價值成長快速，會連帶影響市值與整個市場，展現與數位經濟一致的面貌。

1975 年，IBM、埃克森美孚（ExxonMobil）、寶僑、奇異和 3M 被選為五大企業，而到了 2020 年，在五大企業榜上的則是蘋果、字母控股、微軟、亞馬遜和 Facebook。

一直以來，在 ESG 的三個要素之中，S（社會）得到的關注確實比另外兩個要素少，但隨著新冠疫情持續，市場正嚴格的關注每間公司的社會責任。

特別是在 2020 年 5 月 25 日，美國明尼蘇達州明尼亞波利斯發生因警察過度鎮壓，導致手無寸鐵的黑人男性喬治·佛洛伊德（George Floyd）死亡的事件，這起事件使人們更關注社會性要素，而新冠疫情危機和全球反種族歧視抗爭，使企業的社會性要

6　該公司涉嫌在 2016 年上市前浮報獲利，韓國證券暨期貨管理委員會於 2018 年 11 月宣布，認定該公司故意違反 2015 年會計處理標準。

素越顯重要。

新冠疫情不僅讓我們意識到 S 的重要性，還凸顯 G（公司治理）不可或缺的地位。社會不平等現象在新冠疫情開始之後變得更加嚴重，尤其在教育、社會福利、醫療等領域中更是兩極化；在企業經營方面，現在大家都能比較並評價公司、員工與社會的關係，以及企業在社會上發揮的作用，不僅 S 變得越來越重要，與 G 相關的議題也同樣如此。

特別是在韓國，企業的社會責任及公司治理議題，在股市裡一直被歸咎為造成韓國折價（Korean discount）[7] 的原因，因此，韓國企業不斷在改善 G 的部分，像是在理事會引進 ESG 委員會等，努力實踐 ESG 經營管理。

最終，我們可以說新冠病毒這一契機，不僅讓 E，還讓 S 與 G 的重要性都被擴大了。

有做到社會責任，企業更有競爭力

為什麼在疫情肆虐時，人們會越來越意識到社會及公司治理因素的重要性？答案很簡單。

第一，增加企業員工的醫療優惠、提高一線員工的薪水、降低包含執行長在內的高層獎金、增加措施以保護勞工和顧客安全，只要做到這些，就能留住積極且富生產力的人才，而如果員工忠誠度高，企業在經營管理方面就能占優勢。

7　韓國企業的股價與外國同行估值相比，價值偏低，其原因經常被歸咎於韓國企業的公司治理，因為韓國市場結構特殊，造成如大企業多為家族財閥、公司決策者為家族成員，以及專業經理人不足等現象。

新冠疫情使人們關注公司如何對待勞工、顧客及社會，讓散戶們看見，永續投資也可以超越環境考量層面，得到重視。

第二，ESG 分析所強調的社會及公司治理因素，使人們開始思索公司的多元性、公司對公平薪資的承諾，以及阻止強制勞動的方法，而這也讓大眾開始思考，這些內容能如何支持地方社會、保護顧客個資並保障產品安全。

第三，投資無形資產，企業透過關心員工和提高工作價值，來賦予員工更願意為公司奉獻的動機，因為從長期來看，保持員工積極的參與度，會使公司運作更有效率。

只要努力成為一間負責任的企業，就能自然為企業形象加分、追求健全的品牌價值，還能讓員工利用公司資源行善。由此可知，良好的社會責任不僅能提振員工士氣，還可以提高他們的生產效率。

這樣說來，為什麼 ESG 所強調的企業社會責任，在公司裡會這麼重要？

第一，誰都希望能在自己感到熱情的公司工作，而其中一個方法，就是讓員工透過公司得到社會服務和奉獻的機會。根據商業雜誌《富比士》（Forbes）近期的一項問卷調查顯示，有32％ 的員工說，若自己的公司幾乎或完全不捐款給慈善團體，就會認真考慮辭職。

第二，社會責任良好，會讓一間公司更具競爭性及市場性。在已經飽和的市場裡，要占有競爭優勢是一件非常困難的事；但是，參與多種慈善活動的公司，通常比不參與社會責任活動的公司更具市場性。總的來說，社會責任行銷對於期望保持或吸引消費者的商業活動來說，非常有效。

第三，消費者期待企業盡到社會責任。尤其是千禧世代的消費者，他們期待品牌不只會追求功能上的優勢，還能改善社會、追求理念。全球資訊分析企業尼爾森（Nielsen）針對公司社會責任做了問卷調查，其結果顯示，全球有 50% 的消費者願意花更多費用，選購有盡社會責任之企業的產品。

第四，這有助於吸引並留住散戶。投資到基金公司的散戶，當然會想知道自己的資金是否有被妥善使用，而且，研究顯示，有 83% 的專業投資人，傾向買入因好好執行社會責任而出名的公司股票。

第五，企業若沒有盡到社會責任，也就是沒有實踐 ESG，結果導致的 ESG 風險損失，會比想像中還要嚴重。根據美國銀行的研究推測，從 2015 年到 2019 年，美國大企業因 ESG 問題相關醜聞而損失的價值，其實高達 5,000 億美元以上。

ESG 等級低、評級不良，抑或是完全不執行 ESG 的企業，必須承擔的 ESG 風險很大，換句話說，就是 ESG 風險會帶來極大的企業損失，因為沒有徹底實踐 ESG 造成股價大幅下跌，使企業甚至投資者遭受巨大損失的事例不計其數。實際上，過去六年來，主要 ESG 相關爭議已經讓美國大企業的市值蒸發了 5,340 億美元[8]。

8　US Equity and Quant Strategy, Fact Set, 2020.

02

5 檔實踐社會責任的
永續 ETF

在第五章，我將為追求多元價值的投資人，介紹幾檔合適的 ESG ETF，並具體檢視其是否有實踐企業社會責任及企業永續性。接下來，我要談論的是以下 5 檔：

- CATH：追求基於天主教價值的指數。
- KRMA：追求的指數聚焦於與企業相關的五個「利害關係人」——客戶、員工、供應商、股東，以及社區的 ESG 要素。
- NACP：將重點放在種族及民族多元性政策強烈的企業。
- WOMN：追蹤美國大型股及中型股中，在性別多元化方面得到高分、被賦予加權的企業指數。
- SHE：追蹤高層及董事職位中，女性比例相對較高的美國大型企業之市值加權指數。

以天主教價值為宗旨的 CATH

資產管理公司未來資產於 2016 年 4 月推出 Global X 標普 500 天主教價值股 ETF（CATH），這檔基金追蹤標普 500 天主教價值指數，該指數反映天主教教會在道德與社會上的教義，

也就是美國天主教主教會議（United States Conference of Catholic Bishops）上規定的社會責任投資方針。

因此，CATH 排除抵觸天主教價值的特定產業及企業。所以，該 ETF 絕不允許納入靠非傳統武器、避孕、墮胎、胚胎幹細胞研究及色情商品獲取報酬的企業，被證實僱用童工的企業也排除在外。

CATH 的 MSCI ESG 等級為 BBB，ESG 分數為 5.39 分。在所有被編入 MSCI ESG 基金評級的同類基金裡，CATH 排名前 75%，在全球市場中則排名前 72%。

截至 2021 年 2 月 5 日，該基金的管理資產約有 4.69 億美元，各種費用及報酬等管理費用為每年 0.29%；本益比為

圖表 5-1　CATH 概要

項目	內容	項目	內容
上市日期	2016 年 4 月 18 日	MSCI ESG 等級	BBB
管理費用	0.29%	MSCI ESG 分數	5.39
管理規模	4 億 6,983 萬美元	MSCI 碳強度	148.72
追蹤指數	S&P 500 Catholic Values Index	一年／三年報酬率	21.10%／13.21%
本益比	37.53	競爭 ETF	SNPE, VEGN, BIBL, MAGA, ACSI
股價淨值比	3.98	持有成分股數	451

* 資料來源：ETF.com, 2021.02.05。

37.53，股價淨值比為 3.98。競爭基金有 Xtrackers 標普 500 ESG ETF（SNPE）、美國素食氣候 ETF（VEGN）、Inspire 100 ESG ETF（BIBL）、Point Bridge GOP 股票指數 ETF（MAGA）、美國客戶滿意度 ETF（ACSI），持股組合中有 451 檔成分股。

仔細觀察構成 CATH 的持股組合，可以發現在國家方面，美國占了 100%。在產業方面，前 5 名的產業所占比重分別是：科技占 34.15%、非必需消費占 15.05%、健康醫療占 13.08%、金融占 12.78%、工業占 9.31%。

而企業方面，前 10 名企業的占比相當於整體的 27.91%，前 10 名企業分別是蘋果（6.82%）、微軟（5.72%）、亞馬遜（4.60%）、Facebook（2.03%）、字母控股 A（1.81%）、字母控股 C（1.77%）、股神華倫・巴菲特（Warren Buffett）經營的跨國多元控股公司波克夏・海瑟威[9]（Berkshire Hathaway，1.43%）、摩根大通（1.28%）、美國跨國製藥公司禮來公司（Eli Lilly and Company，1.24%），以及世界最大醫療科技公司之一的美敦力（Medtronic，1.21%）。

該基金的特別之處在於，持股中包含以利他式企業經營出名的美敦力。

聚焦於「五個利害關係人」，KRMA

Global X 自覺企業 ETF（KRMA）由未來資產於 2016 年 7

9　2022 年，該公司於全球同業組別排名全球倒數 25%，近年股東質疑波克夏・海瑟威的 ESG 相關資訊揭露不足，貝萊德也曾對其氣候風險資訊的揭露程度表達不滿。

月推出，該基金讓散戶能夠投資以永續且負責任的方式達到財務績效、表現積極 ESG 特性的良好企業。

　　KRMA 追蹤由 ESG 特性卓越的美國上市企業所組成的等權指數 Concinnity Conscious Companies Index，此指數會分析與公司相關的五個利害關係人——客戶、員工、供應商、股票與債務持有者，以及社區，並以員工生產性、客戶忠誠度、企業公司治理、高階經營團隊倫理性、財務報告品質等 ESG 特性，來評分並排名。

　　KRMA 的 MSCI ESG 等級為 A，ESG 分數為 5.94 分。該基金在所有被編入 MSCI ESG 基金評級的同類基金裡排名前

圖表 5-2　KRMA 概要

項目	內容	項目	內容
上市日期	2016 年 7 月 11 日	MSCI ESG 等級	A
管理費用	0.43%	MSCI ESG 分數	5.94
管理規模	4 億 1,362 萬美元	MSCI 碳強度	156.97
追蹤指數	Concinnity Conscious Companies Index	一年／三年報酬率	21.49%／13.65%
本益比	29.98	競爭 ETF	NACP, WOMN, BOSS, ESGU, VETS
股價淨值比	4.08	持有成分股數	166

* 資料來源：ETF.com, 2021.02.05。

80%，在全球市場中則排名前 83%。

截至 2021 年 2 月 5 日，該基金的管理資產大約有 4.13 億美元，各種費用及報酬等管理費用為每年 0.43%；KRMA 將總資產的 80% 以上投資於基礎指數證券。另外，其本益比為 29.98，股價淨值比為 4.08，競爭對手則有 NACP、WOMN、BOSS、ESGU 和 VETS。

KRMA 的持股組合裡，有 166 檔成分股。若仔細看 KRMA 的持股組合，可以發現在國家方面，美國占比為 98.95%，而加拿大占了 1.05%。

在產業方面，排名前 5 的產業為：科技占 29.22%、非必需消費占 16.66%、健康醫療占 13.41%、工業占 12.19%、金融占 12.07%。

而在企業方面，前 10 名企業占了整體的 23.42%，分別為蘋果（5.62%）、微軟（5.43%）、亞馬遜（5.60%）、字母控股 A（2.96%）、Facebook（1.02%）、美國生物科技公司 Illumina（0.56%）、美國雲端財務管理和人力資本管理軟體生產商 Workday（0.56%）、荷美爾（Hormel Foods，0.56%）、美國探索公司（Discovery, Inc.，0.56%）[10]、美國網際網路連接服務公司 Equinix（0.55%）。

打破種族歧視的 NACP

由 Impact Shares 於 2018 年 7 月推出的 Impact Shares

10　於 2022 年，探索公司與華納媒體（WarnerMedia）正式合併，成為華納兄弟探索（Warner Bros. Discovery）。

NAACP 少數民族賦權 ETF（NACP），是一檔很獨特的 ETF，專門投資於僱用員工時，重視民族多元性，且沒有種族歧視的公司。

NACP 是第一檔追求促進種族平等的 ETF，該基金以永續評鑑機構 Sustainalytics 的資料為基礎，追蹤 Morningstar Minority Empowerment Index；該指數追蹤前兩百大美國企業，但那些企業必須將種族與民族多元性政策納入公司文化中，保障員工不論種族與國籍，在職場上仍擁有同等機會。

此指數還選擇少數族裔賦權分數（minority empowerment

圖表 5-3　NACP 概要

項目	內容	項目	內容
上市日期	2018 年 7 月 18 日	MSCI ESG 等級	BBB
管理費用	0.49%	MSCI ESG 分數	5.22
管理規模	2,212 萬美元	MSCI 碳強度	61.89
追蹤指數	Morningstar Minority Empowerment Index	一年報酬率	27.21%
本益比	30.52	競爭 ETF	KRMA, WOMN, BOSS, ESGU, VETS
股價淨值比	4.19	持有成分股數	171

* 資料來源：ETF.com, 2021.02.05。

scores）[11] 高的公司，追求社會目標，並排除有爭議的公司。NACP 的 MSCI ESG 等級為 BBB，ESG 分數為 5.22 分。在所有被編入 MSCI ESG 基金評級的同類基金裡，NACP 排名前 73%，在全球市場中則排名前 67%。

截至 2021 年 2 月 5 日，該基金的管理資產約有 2,200 萬美元，各種費用及報酬等管理費用為每年 0.49%；本益比為 30.52，股價淨值比為 4.19。競爭基金有 KRMA、WOMN、BOSS、ESGU、VETS，持有成分股為 171 檔。

仔細觀察構成 NACP 的持股組合，可以發現在國家方面，美國占比為 100%。在產業方面，前 5 名所占比重分別是：科技占 33.09%、非必需消費占 17.12%、健康醫療占14.42%、金融占 11.99%、工業占 7.31%。

在企業方面，前 10 名企業所占比重為整體的 36.85%，分別為蘋果（7.30%）、微軟（5.78%）、亞馬遜（5.76%）、字母控股 A（3.03%）、字母控股 C（2.99%）、嬌生（2.88%）、摩根大通（2.75%）、Visa（2.25%）、寶僑（2.08%）、華特迪士尼（2.03%）。

WOMN：性別上的平等與多元化

在靠影響力投資獲利的同時，我們其實也可以實踐性別平等。而 Impact Shares 於 2018 年 8 月推出 Impact Shares YWCA 女子賦權 ETF（WOMN）就是最好的例子，該基金追蹤 Morningstar

---

11　包含多項衡量標準，包括董事會多元性、歧視政策、多元化計畫、社區發展計畫和供應鏈監控等。

Women's Empowerment Index，這個指數的宗旨是支援賦予女性權力及兩性平等的強力政策和行動，讓全世界每一間公司都能接觸到此種政策。

WOMN 選擇在性別多元化[12] 這方面獲得高分的企業，並追蹤被賦予加權的美國中大型股指數。

而 WOMN 的 ESG 研究提供商為了計算企業的性別多樣性分數，會考慮五項要素：領導能力和人力上的性別均衡、同等保障、工作和生活的平衡、推動性別平等的政策，以及在賦予女性權力上所做的努力、透明性及責任。

圖表 5-4　WOMN 概要

項目	內容	項目	內容
上市日期	2018 年 8 月 24 日	MSCI ESG 等級	BBB
管理費用	0.75%	MSCI ESG 分數	5.15
管理規模	1,405 萬美元	MSCI 碳強度	101.61
追蹤指數	Morningstar Women's Empowerment Index	一年報酬率	37.33%
本益比	37.19	競爭 ETF	KRMA, BOSS, ESGU, VETS
股價淨值比	4.76	持有成分股數	174

* 資料來源：ETF.com, 2021.02.05。

12　代表人類的社會性別特徵，包含性取向和性別認同的所有多元性。

　　此指數使用最佳化演算法，選擇在風險及報酬和市場的水準相同的同時，分數最高的兩百間企業。另外，該基金還排除有嚴重的倫理爭議，或與武器、博奕、菸草等特定產業相關的公司。

　　WOMN 的 MSCI ESG 等級為 BBB，ESG 分數為 5.15 分。該基金在所有被編入 MSCI ESG 基金評級的同類基金裡排名前 55%，在全球市場中則排名前 33%。

　　截至 2021 年 2 月 5 日，WOMN 的管理資產約有 1,400 萬美元，各種費用及報酬等管理費用為每年 0.75%；本益比為 37.19，股價淨值比為 4.76。競爭基金有 KRMA、BOSS、ESGU、VETS，持股組合內有 174 檔成分股。

　　仔細觀察 WOMN 的持股組合，可以發現在國家方面，美國占比為 100%。於產業層面，前 5 名產業所占比重分別為：科技占 28.39%、非必需消費占 14.55%、能源占 14.34%、健康醫療占 14.32%、金融占 9.05%。

　　在企業方面，排名前 10 的企業占整體的 43.22%，依序為 Enphase Energy（8.11%）、亞馬遜（6.36%）、微軟（5.81%）、蘋果（5.34%）、SolarEdge（4.73%）、嬌生（2.79%）、第一太陽能（2.76%）、字母控股 A（2.47%）、字母控股 C（2.44%）、輝達（2.41%）。

分析高階經理人女性比例的 SHE

　　道富環球投資管理於 2016 年 3 月推出 SPDR 道富高層主管性別多樣性指數 ETF（SHE），只挑選倡導增進女性權力的企業投資。

　　在選擇企業時，SHE 利用促進職場內性別多樣化和性別平

等之組織 Equileap 的資料，不僅如此，這個 ETF 還追蹤在高階經理人及董事職位上，女性比例相對較高的美國大型企業之市值加權指數；除此之外，SHE 也尋找僱用女性擔任高階主管的公司。

　　SHE 追蹤的指數為 SSGA Gender Diversity Index，該指數旨在理解於美國大企業擔任董事會和高階經理人職位的女性比例有多少，並判斷性別多樣性得分如何，評價對象是美國國內最大的 1,000 家企業。

　　該基金將每一個領域前 10% 的公司納入持股組合中，而且各公司的董事或 CEO 必須有一位以上是女性。該基金依各產業選擇企業，並賦予市值加權。SHE 的 MSCI ESG 等級為 A，ESG

圖表 5-5　SHE 概要

項目	內容	項目	內容
上市日期	2016 年 3 月 7 日	MSCI ESG 等級	A
管理費用	0.20%	MSCI ESG 分數	6.6
管理規模	1 億 9,282 萬美元	MSCI 碳強度	123.86
追蹤指數	SSGA Gender Diversity Index	一年／三年報酬率	20.75%／11.60%
本益比	55.96	競爭 ETF	CATH, SNPE, VEGN, BIBL, MAGA
股價淨值比	3.55	持有成分股數	162

* 資料來源：ETF.com, 2021.02.05。

分數為 6.6 分。在所有被編入 MSCI ESG 基金評級的同類基金裡排名前 38%，在全球市場中則排名前 1% 以內。

截至 2021 年 2 月 5 日，SHE 的管理資產將近 1.93 億美元，各種費用及報酬等管理費用為每年 0.20%；此外，其本益比為 55.96，股價淨值比為 3.55。競爭基金有 CATH、SNPE、VEGN、BIBL、MAGA，持股組合中有 162 檔成分股。

仔細檢視組成 SHE 的持股組合，可以發現在國家方面，美國占了 100%。在產業方面，前 5 名產業所占的比重分別是：科技占 28.08%、非必需消費占 18.03%、健康醫療占 14.05%、工業占 14.03%、金融占 12.22%。

在企業方面，前 10 名企業占了整體比重的 40.68%，依序為 PayPal（6.14%）、開發、製造、銷售半導體的跨國公司德州儀器（Texas Instruments，5.20%）、華特迪士尼（4.59%）、嬌生（4.42%）、網飛（Netflix，4.22%）、Visa（4.16%）、Nike（3.37%）、跨國計算機軟體公司 Intuit（3.19%）、支付服務提供商 Square（2.91%）、美國富國銀行（Wells Fargo，2.48%）。

社會責任 ETF 規模小，報酬率卻非常亮眼

在這章，我們檢視了強調企業社會責任和永續性的 5 檔 ESG ETF，總結分析結果如下。

第一，在報酬率方面，這 5 檔公司治理 ESG ETF 的年報酬率都超過 20%，其中最晚推出的 WOMN 報酬率績效最好，有 37%；不過，由於 WOMN 是在 2018 年 8 月推出，管理時間還不長，因此管理資產規模較小，只有 1,400 萬美元。

在評價 ETF 時，如果看到該 ETF 的管理資產只有 1,000 萬美元左右，距離剛推出還沒過多久，那麼它的交易量和市場平均報酬率就會特別顯眼。相反的，其中規模最大的 ETF 為 CATH（4 億 6,983 萬美元）和 KRMA（4 億 1,362 萬美元）。

第二，這 5 檔 ESG ETF 的手續費率中，WOMN 最高，為 0.75％；最低的是 SHE，為 0.2％。這 5 檔 ETF 投資在科技產業的比重都很高，為 28％～34％。ESG 評級和分數也差不多，等級差不多在 BBB～A 之間，分數則在 5.15～6.6 分的範圍內。

第三，除了 SHE 以外，另外 4 檔 ETF 投資在蘋果、微軟、亞馬遜、谷歌、Facebook 等引領美國 IT 產業的代表企業，比重皆相當高，這些企業在整體中占了 20％～25％ 的比重。看到這點，我們可以想成，科技企業主導著這四個 ESG ETF 的成長。

另外，還有一項耐人尋味的發現，就是這些科技公司在公司治理領域，特別是在種族和性別多樣性領域，其實都扮演著領頭羊的角色，但它們卻不在 SHE 的持股組合中。

應對氣候變遷之外，社會與公司治理也不容忽略

在這章所檢視的 ESG ETF，強調社會責任和永續性。我在前面說過，強調 S（社會）和 G（公司治理）的 ESG ETF 不多，大多數的 ESG ETF 都在關注 E（環境），試圖應對氣候危機。

根據 2021 年 2 月聯合國貿發會議的報告顯示，截至 2020 年第 4 季，ESG ETF 數量高達 552 檔，規模也來到 1,745 億美元，但直接為 SDGs 做出貢獻的 ESG ETF，卻只有 200 檔左右，占整體的 41％。

具體來說，有 155 檔 ESG ETF 的管理目標是「氣候行動」（第 13 項，請見第 59 頁）；18 檔的目標為「可負擔的潔淨能源」（第 7 項）；貢獻在「性別平等」（第 5 項）的 ESG ETF 則有 13 檔。

在總共 17 項目標的 SDGs 中，沒有任何一檔 ETF 投入「終結貧窮」（第 1 項）、「解決飢餓」（第 2 項）等 6 項目標中，這代表著，今後有必要構建以這些目標為中心的指數，並開發新的 ESG ETF 來追蹤。

Chapter **6**

王者 ARK，能否主導
數位 ESG 未來？

到目前為止，我們說 ESG ETF 是一項為追求永續成長、克服氣候危機做出貢獻的優秀工具，而且，只要我們在適當的時間、用合適的方法投資 ESG，就能得到豐厚的報酬。

在第六章，我們要來看看名為「ESG 創新」的方舟投資，並深入了解這家洞察力驚人、聚焦於破格創新的資產管理公司。

01

方舟的成功，來自破壞式創新

在這一章，我們能窺探 ESG 的未來，也就是主導未來價值的「數位 ESG」。

在不久的將來，數位轉型[1] 將帶動 ESG，在第四次工業革命期間，成為散戶們最需要遵循的投資原則之一，而數位轉型所需的創新，其實正和方舟投資的主旨一致。

基於這個理由，這一章我想集中介紹方舟投資，從簡單的介紹開始，了解其投資哲學的核心。其實，方舟的投資哲學和 ESG 的原則一致，方舟深信創新是成長的核心，也是讓世界變得更美好的力量。

在這章，我們將探討方舟投資所說的創新為何、為什麼我們要走向創新，並說明方舟投資建立在五個創新平臺基礎上的 14 項科技，而且這些科技與聯合國的永續發展目標原則密切一致。

第二，作為本章主要內容，我會深度介紹方舟投資管理的 8 檔 ETF，它們都是集結創新企業所成立的 ETF，供散戶們依自己

1　利用新的技術重新塑造及定義客戶、員工和合作夥伴關係的過程，例如建立現代化應用程式、全新商業模式，以及為客戶打造新產品與服務。

的偏好挑選。

第三，比較分析並整理出方舟投資五個主要 ETF 的績效；第四，探討方舟投資創新的 ETF 帶給個人投資者的訊息；最後，整理並介紹這 5 檔 ETF 主要持有的十間企業。透過這些過程，我們將能更具體的描繪出 ESG ETF 的藍圖。

疫情導致全球景氣慘淡，方舟 ETF 不衰反漲

即便是在 2020 年疫情橫掃全球的情況下，方舟投資也獲得了驚人的績效。實際上，根據 BloombergQuint[2] 2021 年 1 月的報導，方舟投資目前在規模高達 5.5 兆美元的全球 ETF 業界中，是前十大的發行公司。雖然 2020 年對全球各地的散戶來說都很辛苦，但對方舟投資來說，這可說是最好的一年。

由創始人兼基金管理人凱薩琳‧伍德（Cathie Wood）領導的這間公司，管理著資產規模達 52 億美元的方舟創新基金（ARK Innovation，代號 ARKK），公司透過積極管理的 ETF 來創新投資，至今成功流入的淨資產將近 100 億美元，引發散戶們的狂熱。截至 2020 年 12 月，在超過六千多檔 ETF 中，績效排名前 20 的 ETF 裡，就有 5 檔是方舟投資發行的 ETF。

究竟是什麼祕訣，讓方舟投資取得如此驚人的成功？這個問題的答案是：破壞式創新（disruptive innovation）[3]。方舟投資將

2　彭博新聞社（Bloomberg News）旗下的印度財經新聞公司。

3　由全球知名管理大師克雷頓‧克里斯汀生（Clayton Christensen），於 1997 年在《創新的兩難》（*The Innovator's Dilemma*）一書中提出；指將產品或服務透過科技性的創新，並以低價、便利等特色吸引特殊目標消費族群（非主要目標客群），開發低階與尚未發現的新市場。

破壞式創新定義為，導入能夠改變世界運轉的方式、具備技術的新產品或服務。

從方舟這個名字裡，也能窺探到公司的投資精神，其英文名中，A 表示積極（Active），R 代表研究（Research），K 則表示知識（Knowledge），反映了公司透過研究，強力追求創新知識的投資哲學。

方舟選股標準，也參考 SDGs

基本上，ESG 的原則和方舟投資的哲學一致，但究竟是哪裡一致？其實，可以把方舟投資的哲學精簡為以下三點。

第一，方舟只投資創新，ESG 投資也同樣只注入資金到正在實踐 ESG 的企業；不過，其實破壞式創新就等於 ESG，因此，我們可以將這兩者視為同一個意思。

第二，方舟做的是長期投資，對於追求永續成長的 ESG 投資來說，長期抱著是關鍵原則。經過 R&D（研究開發）的破壞式創新，需要很長一段時間才能完成，所以我們等於是因為看好未來的價值，所以投資現在，也就是長期抱著「創新」這一支績優股。

第三，方舟投資將資金放在有助於全球人類發展的企業上，ESG 投資也同樣是為了打造更美好的世界，而投資在實踐 ESG 的公司上。ESG 原則，可說是方舟的研究及投資哲學之核心。

作為資產管理公司，方舟投資本質上遵循聯合國 SDGs 的永續投資和 ESG 原則，與 SDGs 相關的 ESG 原則，和方舟投資的核心價值沒什麼不同，為什麼會這樣？請見以下五點。

第一，ESG 就是破壞式投資。網際網路其實就是破壞式創

新的案例之一，當網際網路一出現，有些企業迅速接納，開始獲得成功，但其實有更多企業很晚才引進或拒絕引進，導致失敗或被淘汰。

同樣的事情，現在也正在發生，唯有引進 ESG 以及實踐永續投資的企業，才能在創新上成功。方舟就是靠破壞式創新，走在其他同行的前端。

第二，方舟投資的研究及投資團隊，全都努力將 ESG 問題整合至投資過程中，以未來為導向的研究方式，在整個市場週期中降低費用，同時謀求單純性及便利性，找出對我們的未來可能有貢獻的企業。

方舟投資積極辨識出具備 ESG 特性、產品新穎，且將在社會與環境上帶來永續影響的企業。

第三，方舟投資的策略，是聚焦於和 SDGs 目標一致的創新平臺與技術。具體來說，方舟投資的目標是分析 SDGs 能如何和破壞式創新融合起來，因此，在決定投資時，他們會分析每個創新公司與 17 項 SDGs 目標的關係。方舟深信，創新是成長的關鍵，也是可以讓世界變得更好的方法。

第四，方舟投資不僅尋找符合信念、能改善社會和環境、帶動企業朝永續未來前進的企業，它也把這個標準套用在管理自己上，懂得有責任感的公司治理、培養多元包容的人才，並投資鼓勵 SDGs 的企業組織。

第五，方舟投資的研究，就是打造五個主要創新平臺的 14 項技術，而這些技術有望改變並解決一部分的氣候危機，但真正的特別之處在於：打造方舟投資五個創新平臺的 14 項技術，和聯合國的 SDGs 一致。

這五個創新平臺，最值得長期投資

方舟投資在五個主要創新平臺——基因定序、區塊鏈技術、AI、機器人技術和能源儲存方面，積極且長期的投資，想藉此改變世界運作的方式，打造更美好的世界。

至於創新平臺方面，方舟開發「投資遵循 ESG 原則的企業並積極管理」的策略，我們可以說，這種創新平臺奠基於破壞式創新之上，如果是這樣，為什麼破壞式創新那麼重要？

第一，因為破壞式創新在永續性相關方面，有助於改變並解決影響全世界的問題。好的創新投資，不僅能改善環境及社會，還聚焦於幫助世界創造其他創新的技術和企業上，有助於打造更好的世界。

第二，因為這讓永續投資變得可能。想把資金注入最具資格解決重大課題的領域和公司，永續投資可說是最積極的投資方法之一。

第三，因為永續投資有助於管理風險要素。更重要的是，它進一步考量全體的經濟成長、減少不平等的問題，與此同時，永續投資鼓勵大家，讓所有人都可以參與改善事業經營的方式，保障未來世代的環境永續性。

那麼，方舟投資是如何透過永續投資，來打造一個更優質的世界？創新又可以如何讓地球更美好？沒錯，方舟投資深信創新是成長的關鍵之鑰，因此透過破壞式創新追求長期性的成長與資本利得（capital gain）[4]。不過，方舟投資能夠不同於傳統投資管

4　有價證券的賣出價格高於買進價格時，其間的差額。

理公司，專注在創新的理由是什麼？

當今世界日新月異，傳統投資人追求安全性，所以消極且被動的依循績效指標，但方舟投資認為，這種投資方式缺乏生產性。雖然創新會引起混亂，並為傳統的世界秩序帶來危險，但正因如此，方舟才努力的配合創新的速度投資。

方舟投資深信，創新是讓企業利益長期增長的關鍵，而這四個創新 ETF，是可以打造更美好世界的方法：

● ARKG：基因創新 ETF，投資主題是遺傳體學。ARKG 投資的企業重建醫療、農業與製藥產業，致力於治療疾病與提高生命品質。

● ARKW：次世代網際網路 ETF，投資的企業改變整個世界管理資訊、分析資料、購買商品及通信的方式，努力提高商業生產性，並增加消費者使用率與接觸率。

● ARKQ：自駕技術及機器人工程 ETF，投資的企業以自動化、能源儲存、3D 列印、現代化基礎設施及太空探索的發展，謀求在減少消費者成本及碳排放量的同時，使生產力及薪資上升的方法。

● ARKF：為金融科技（FinTech）[5] 創新 ETF，投資主題是金融科技。投資的企業在金融產業引發革命，特別是在低開發市場中，讓消費者和企業更能接觸到銀行與其他金融服務。

5　一群企業運用科技手段使得金融服務變得更有效率，因而形成的一種經濟產業。

　　總的來說，方舟投資認為創新可以減少花費，創造單純性和可接近性，而且更重要的是，創新就是改變世界運作的方式，使其延續到更永續的未來。

　　破壞式創新可以幫忙解決氣候變遷等，這些與永續性相關的重要問題。好的創新投資，能聚焦於為世界帶來正面影響力的技術和企業，提高環境與社會的創新能力。

高績效 ETF，最大持股都是特斯拉

　　是什麼因素和背景，讓方舟投資能夠成功在 2020 年募集到高額投資金？若仔細觀察方舟投資最近績效高的 ETF 持股組合，可以發現特斯拉占了很大的比重。

　　我們都知道，特斯拉是用電動車撼動汽車市場版圖的狠角色，而像這樣的企業，其實就是方舟投資的 ETF 取得成功的祕訣。

　　方舟認為，其實破壞式創新就是導入具備新技術的產品或服務，而且，這能夠潛移默化的改變世界運轉的方式。

　　新冠病毒使居家辦公成為主流，而在這種情況下，就應該開發及執行能夠在遠端處理大量資訊的主要應用程式和服務，使全世界的人在職場或家庭都能順利合作。

　　另外，隨著人們越來越習慣在線上購物，連處理帳單，大家也開始依賴數位支付，而零售業者和公用事業供應商也推崇這種風氣。電子遊戲產業被拿來當作公司內部的娛樂活動，在可能被感染傳染病的危機中，人們一邊保持社交距離，一邊享受休閒生活。這樣的背景，使該產業享受空前的繁榮，即使到了後疫情時代，電子遊戲產業的春天也很可能持續下去。

不僅如此，疫情也讓人們對數位醫療越來越感興趣，也就是讓每個人能夠評估自己的異常症狀，並告知結果的自我診斷應用程式。這為數位醫療市場的未來帶來一個重要的啟示，我們可以由此推測，醫療服務將快速從傳統的「面對面」服務，轉換成「非面對面」的數位形式。

現在的遠距醫療服務，還停留在連接居家患者和院內醫生的初期階段，因此該服務的成長空間相當大。此外，隨著 AI 或區塊鏈等第四次工業革命的核心技術，與醫療服務結合起來，將加快數位醫療的發展；再者，隨著智慧手機、可穿戴式裝置等智慧型裝置普及，人們越來越關心健康，行動醫療（mHealth）[6] 市場也有望快速成長。

至於基因體學，也發展到能夠破解隱藏在基因體功能、結構、進化、編輯及測繪背後的謎題，正在迅速改變醫療環境。全球基因體學市場因基因體定序、微陣列（microarray）分析、聚合酶連鎖反應（polymerase chain reaction，簡稱 PCR）、核酸萃取及提取技術穩定的研發，受到投資者喜愛。另外，AI、雲端基礎技術與 R&D 集中增加，代表市場上的競爭將越來越強烈。

基於這一切，我們可以找到方舟投資成長的因素和背景。

6　指透過手機或 PDA（個人數位助理）等手持裝置與技術，提供醫療保健訊息以及服務。

02

散戶最該關注的
8 檔方舟 ETF

2020 年整年，因新冠病毒等外生變數，全世界股市產生了很大的動盪。但是，即便如此，方舟投資管理的多檔主題式 ETF 仍然獲得了巨大的成功，給投資者們帶來可觀的報酬。

截至 2021 年 2 月，方舟投資管理資產達到 500 億美元，其中有一半源自 ARKK。ARKK 至今為止依然是方舟投資最大的基金，占公司的淨流入資產中最大的比重。

2020 年 ARKK 的收益增加了 150% 以上，2021 年的績效果然也相當不錯。除了 2021 年 3 月 30 日推出的 ARKX，方舟投資至今推出的 7 檔 ETF 中，有 5 檔創下 100% 以上的收益，勢不可擋。

因此，資金如洪水般湧進，曾經屬於小眾市場 ETF 的方舟投資，截至 2021 年 2 月 24 日，總資產來到了 600 億美元，成為排名第 7 的 ETF 發行公司，成果顯赫。

下面具體檢視方舟投資的 8 檔破壞式創新 ETF：

- ARKK：綜合破壞式創新。
- ARKQ：投資自由駕駛和 AI 機器人。

- ARKW：追蹤下一世代網際網路企業。
- ARKG：用基因工程改變未來生技產業版圖。
- ARKF：投資影響新世代支付市場的金融企業。
- PRNT：集中於 3D 列印技術。
- IZRL：投資以色列科技創新企業。
- ARKX：追蹤航太相關股票。

ARKK，投資四項破壞式科技

聚焦於「創新是成長核心」的理念，方舟投資在 2014 年 10 月推出 ARKK，該 ETF 在方舟投資的創新基礎主題中提供最好的風險補償機會，是最具代表性的 ETF，管理資產規模也最大。

ARKK 特別將四個破壞式技術主題全部包含在 ETF 內，也就是說，DNA 技術（基因革新）相關的工程研究發展、能源與自動化領域的產業革新、共享技術、基礎建設及服務（次世代網際網路）的增加、讓金融服務更有效率的技術（金融科技創新）等，全都被包含在 ARKK 裡。

所以，ARKK 最大的特點即在於，它投資具備破壞式創新潛力的 48 間企業。根據世界金融數據公司 FactSet 指出，ARKK 光在 2020 年，就吸引了 53 億美元的資金；於 2020 年，創下將近 150% 的漲勢，令人印象深刻，而在進入 2021 年之後依然勢不可擋，上漲將近 20%。

ARKK 的管理資產在 2020 年 11 月 27 日為 129.6 億美元，但不過經過兩個月，管理資產在 2021 年 1 月 30 日就上漲到 227.6 億美元，出現驚人的飆漲。

其各項費用及報酬等管理費用非常高，每年 0.75%。當前

圖表 6-1　ARKK 概要

項目	內容	項目	內容
全名／代碼	ARK Innovation ETF／ARKK	追蹤指數	無
上市日期	2014 年 10 月 31 日	三個月／一年／三年報酬率	42.58%／171.22%／51.31%
特點	投資具備破壞式創新潛力的 48 間企業	MSCI ESG 等級	BBB
管理資產	227.6 億美元	MSCI ESG 分數	4.33
管理費用	0.75%	MSCI 碳強度	24.49
淨值／市值	138.33 美元／137.44 美元	持有企業數	48

* 資料來源：ETF.com, 2021.01.30。

ARKK 市價為 137.44 美元，淨值（Net Asset Value）[7] 為 138.33 美元，淨值與市值價格相似，此外，該基金並沒有特別追蹤的指數。

　　ARKK 的三個月、一年、三年報酬率都非常優秀，分別為 42.58％、171.22％、51.31％。MSCI ESG 評級為 BBB，ESG 分數為 4.33 分；碳強度非常低，為 24.49。

　　在所有被編入 MSCI ESG 基金評級的同類基金裡，該基金排

7　在此指基金淨值，是基金的實際價值，反映當前基金持有每單位資產的總市值。

名前 12%，在全球市場中則排名前 11%。

　　仔細觀察組成 ARKK 的持股組合，可以發現在地區方面，美國占整體的 92.13%，接著依序是比利時（1.99%）、中國（1.79%）、臺灣（1.58%）、日本（1.19%）、香港（0.84%）、新加坡（0.47%）。

　　至於產業方面，排名前 6 的產業類別比重分別是：健康護理占 34.35%、科技占 30.07%、非必需消費占 18.25%、工業占 8.62%、金融占 7.10%、通訊占 0.99%。

　　企業方面，排名前 10 的企業占整體的 46.76%，依序為特斯拉（9.80%）、美國串流平臺 Roku（7.37%）、美國遠程醫療公司 Teladac Health（5.39%）、Square（4.40%）、生物技術公司 CRISPR Therapeutics（4.33%）、美國生物技術公司Invitae（3.62%）、鈑金和射出　成型訂製零件公司 Proto Labs（3.46%）、線上音樂串流媒體平臺 Spotify（2.85%）、百度（2.82%）和美國線上房地產公司 Zillow（2.72%）。

機器人工程與自動化技術，ARKQ

　　2014 年 9 月，方舟投資推出 ARK 自主技術與機器人主動型 ETF（ARKQ），主要投資於把能源、自動化與製造、材料與運輸相關的新產品，或服務開發、技術改善及科學研發當成焦點的公司。這些公司有望在自動駕駛車輛、機器人工程、自動化、3D 列印、能源儲存和無人機太空探索等領域研發並生產商品。

　　ARKQ 最大的特點是，投資具備破壞式創新潛力的 40 間企業。它的競爭 ETF 包含 ROBO Global 機器人與自動化指數 ETF（ROBO）和 First Trust 納斯達克人工智慧與機器人 ETF

（ROBT），這兩支基金追蹤開發機器人工程及自動化技術，或因這些技術受惠的公司之指數。

ARKQ 的 MSCI ESG 評級為 A，ESG 分數為 6.13 分；碳強度低，為 35.73。ARKQ 在所有被編入 MSCI ESG 基金評級的同類基金裡排名前 60％，在全球市場則排名前 58％。

截至 2020 年 12 月 7 日，ARKQ 的管理資產達 11 億美元，但僅僅經過兩個月，管理資產在 2021 年 1 月 30 日就增加到 29.4

圖表 6-2　ARKQ 概要

項目	內容	項目	內容
全名／代碼	ARK Autonomous Technology & Robotics ETF／ARKQ	追蹤指數	無
上市日期	2014 年 9 月 30 日	三個月／一年／三年報酬率	49.60％／135.23％／36.36％
特點	投資在破壞式創新、機器人、自由駕駛領域具備潛力的 40 間企業	MSCI ESG 等級	A
管理資產	29.4 億美元	MSCI ESG 分數	6.13
管理費用	0.75％	MSCI 碳強度	35.73
淨值／市值	89.57 美元／87.25 美元	持有企業數	40

* 資料來源：ETF.com, 2021.01.30。

億美元，是原來的 2 倍以上。各項費用及報酬等管理費用同樣相對較高，為每年 0.75%。

　　該 ETF 在 2021 年 1 月 30 日的市價為 87.25 美元，淨值則為 89.57 美元，價格非常相近。此外，它也沒有特別追蹤的指數。三個月、一年、三年的報酬率分別是 49.60%、135.23%、36.36%，非常優秀。

　　若仔細看 ARKQ 的持股組合，我們可以發現在地區方面，美國占整體的74.52%，接著依序是香港（7.18%）、比利時（6.80%）、中國（3.16%）、臺灣（3.13%）、以色列（2.98%）、日本（2.24%）。

　　在企業方面，排在前 10 的企業所占比重為整體的 47.1%，分別為特斯拉（10.97%）、比利時 3D 列印公司 Materialise（5.20%）、百度（4.42%）、天寶導航（4.36%）、迪爾公司（或稱強鹿實業，Deere & Company，4.25%）、中國電子商務公司京東（JD.com，4.21%）、美國國家安全技術業務公司克拉托斯（Kratos Defense，3.46%）、字母控股 C（3.46%）、3D 印表機生產商 Nano Dimension（3.44%）和台積電（3.33%）。

ARKW：投資次世代網際網路

　　ARK Next 物聯網主動型 ETF（ARKW）為方舟投資於 2014 年 9 月推出的次世代網際網路 ETF，換句話說，這是包含 AI、大數據、雲端運算（cloud computing）[8]、網路安全、數位媒體、

8　基於網際網路的運算方式，使共享的軟硬體資源和資訊可按需求提供給各種終端和其他裝置。

行動科技、物聯網（IoT）及區塊鏈技術等，以次世代網際網路為核心的破壞式創新基金。

該 ETF 所持有的網際網路、半導體、網路安全及雲端運算股票，在新冠病毒大流行的情況下獲得了卓越績效，使 ARKW 成為這波變化下最大的受惠者。

ARKW 是一檔權限相當廣泛，且主動管理的 ETF，有著不受地域或產業限制的特性；在 ARKW 的基金管理人的主動操作之下，將會帶動次世代網際網路企業，因此，可以看出該基金把操作焦點瞄準在物聯網、雲端運算、數位貨幣及可穿戴技術等，這類備受矚目的領域上。

對於確信這類新技術會成長的散戶來說，ARKW 可能很有吸引力，但很難免的，普通人對於這種持股組合，多少可能會感到生疏，因為大部分帶動這些領域發展的企業，都是初期技術僅占總收益極小部分的大型企業。不過，投資 50 間具有破壞式創新潛力的企業，就是 ARKW 最大的特點。

ARKW 的 MSCI ESG 評級為 BBB，ESG 分數為 4.67 分；碳強度非常低，為 16.80。該基金在所有被編入 MSCI ESG 基金評級的同類基金裡，排名前 21％，在全球市場中排名前 16％。

ARKW 的管理資產在 2020 年 12 月 7 日為 40.8 億美元，過了兩個月後，在 2021 年 1 月 30 日，規模便高達 65 億美元，呈現迅速的增長。

該基金的各項費用及報酬等管理費用相對較高，每年為 0.79％。2021 年 1 月 30 日，該基金的市價為 158.81 美元，淨值為 158.46 美元，兩者相當。ARKW 並沒有特別追蹤的指數，其三個月、一年、三年的報酬率分別為 35.92％、159.22％ 和

圖表 6-3　ARKW 概要

項目	內容	項目	內容
全名／代碼	ARK Next Generation Internet ETF／ARKW	追蹤指數	無
上市日期	2014 年 9 月 29 日	三個月／一年／三年報酬率	35.92%／159.22%／52.47%
特點	投資在具備破格的次世代網際網路科技的 50 間企業	MSCI ESG 等級	BBB
管理資產	65 億美元	MSCI ESG 分數	4.67
管理費用	0.79%	MSCI 碳強度	16.80
淨值／市值	158.46 美元／158.81 美元	持有企業數	50

△ 資料來源：ETF.com, 2021.01.30。

52.47%，相當優秀。

　　仔細觀察 ARKW 的持股組合，可以發現在地區方面，美國占整體的 85.90%，接下來是中國（4.51%）、香港（4.27%）、新加坡（2.05%）、日本（1.07%）、臺灣（1.14%）、荷蘭（0.91%）。

　　在產業方面，前 6 名分別是：軟體占 23.18%、網路服務占 21.76%、汽車和卡車占 10.62%、娛樂占 7.61%、IT 服務占 5.70%、商務支援占 5.17%。

　　在企業方面，前 10 名占整體的 39.3%，分別為特斯拉

（9.39％）、Roku（4.40％）、Teladac Health（4.23％）、Square（3.91％）、騰訊（3.57％）、灰度比特幣信託（Grayscale Bitcoin Trust，3.56％）、Spotify（2.97％）、網飛（2.54％）、美國雲端運算服務商 Fastly（2.39％）、美國公開交易技術公司純粹儲存（Pure Storage，2.34％）。

將重點放在基因體學與生物工程的 ARKG

方舟投資在 2014 年 10 月公開的 ARK 生物基因科技革新主動型 ETF（ARKG），是關注未來產業的基金中，最受矚目的「生命」相關創新 ETF。

ARKG 投資 DNA 定序、基因編輯等提高生命品質的企業。該 ETF 的特點在於，它的成分不聚焦於傳統既有技術，而是將重點放在基因體學及生物工程領域。

其目標企業為致力於將技術、科學發展與基因體學整合到商業中，藉此提升生命品質的公司。這些公司會研發、生產或推動基因剪刀（CRISPR）[9]、標靶治療（Targeted Therapy）[10]、生物資訊學、分子診斷、幹細胞及農業生物學。

ARKG 最大的特點在於，它投資 48 間具有破壞式創新潛力的企業。除此之外，在 2020 年，ARKG 還曾創下了 180％ 的上漲率。

9　1987 年，日本科學家在大腸桿菌的基因組裡，發現有特別的規律序列，某一小段 DNA 會一直重複，重複片段之間又有相等長的間隔，此序列稱為 CRISPR。

10　一種癌症治療。

　　ARKG 的 MSCI ESG 評級為 B，ESG 分數為 2.45 分；碳強度相當低，為 24.10。該基金在所有被編入 MSCI ESG 基金評級的同類基金裡，排名前 5%，在全球市場中位居前 1% 以內。

　　ARKG 的管理資產在 2020 年 12 月 7 日為 45 億美元，但在兩個月後，到了 2021 年 1 月 30 日，則增加到 106 億美元，呈現驚人的成長。

　　其各項費用及報酬等管理費用相當高，為每年 0.75%；2021 年 1 月 30 日的市價為 101.93 美元，淨值為 100.67 美元，價格相當接近。該基金並無特別追蹤某個指數。其三個月、一年、三年

圖表 6-4　ARKG 概要

項目	內容	項目	內容
全名／代碼	ARK Genomic Revolution ETF／ ARKG	追蹤指數	無
上市日期	2014 年 10 月 31 日	三個月／一年／ 三年報酬率	42.94%／ 200.90%／ 55.1%
特點	投資在 48 間研究破格式遺傳體學的企業	MSCI ESG 等級	B
管理資產	106 億美元	MSCI ESG 分數	2.45
管理費用	0.75%	MSCI 碳強度	24.10
淨值／市值	100.67 美元／ 101.93 美元	持有企業數	48

* 資料來源：ETF.com, 2021.01.30。

的報酬率都非常優秀，分別為 42.94%、200.9% 以及 55.1%。

　　若仔細檢視 ARKG 的持股組合成分，可以發現在國家方面，美國占整體的 89.51%，接著依序是瑞士（5.90%）、法國（2.22%）、日本（2.05%）、以色列（0.32%）。在產業方面，前 6 名產業類別比重分別為：生物科技占 55.33%、製藥占 13.82%、高級醫療器材及技術占 9.30%、醫療設備占 8.75%、供應與分配占 7.55%、醫療設施及服務占 6.13%。

　　而在企業方面，前 10 名企業占了整體的 44.24%，前 10 名企業為 Teladac Health（7.97%）、美國 DNA 產品上市公司拓維思特（Twist Bioscience，5.61%）、美國生物技術公司太平洋生物科學公司（Pacific Biosciences，5.40%）、美國非侵入式大腸癌的檢測生技公司精密科學（Exact Sciences，3.98%）、美國製藥公司再生元製藥（Regeneron Pharmaceuticals，3.82%）、美國心臟移植診斷服務公司 CareDx（3.68%）、羅氏控股（3.67%）、CRISPR Therapeutics（3.53%）、美國製藥公司福泰製藥公司（Vertex Pharmaceuticals，3.44%）、日本製藥公司武田藥品工業（3.14%）。

無現金交易的金融科技革命，ARKF

　　方舟投資於 2019 年 2 月推出 ARK 金融科技創新主動型 ETF（ARKF），投資包括行動支付、數位錢包、P2P（peer-to-peer）[11]、區塊鏈等引領金融科技革命的企業。

11　又稱對等式網路，是一種去中心化、依靠使用者群交換資訊的網際網路體系。

　　過去幾年，金融科技革命持續成長，但新冠疫情的出現使其增長速度加快，許多公司想防止新冠病毒透過紙幣散播，促使無現金交易和線上購物急速成長。

　　方舟主要的投資對象，包含無現金交易、線上購物等金融科技，如行動支付、數位錢包、P2P 借貸（peer-to-peer lending）[12]、區塊鏈技術及風險轉移等，正在朝全方位的創新前進。

　　例如，截至 2020 年底，組成 ARKF 持股組合的前 3 名成分股，為交易創新、客戶導向平臺與無摩擦的集資平臺，這些全部都和無現金交易的成長有關，而這類成分股占 ARKF 整體持股組合的三分之一。

　　線上零售市場的成長趨勢，是另一個加速金融科技成長的經濟要素。在新冠疫情發生之前，線上通路的市占率，只占所有零售銷量約 10%，但在疫情期間，市占率反倒急遽增加，甚至到了 30%。

　　由於許多公司將繼續開發線上平臺，因此我們可預期這波成長趨勢會持續下去。區塊鏈和加密貨幣市場[13] 的前景也非常光明，區塊鏈雖然不如一些人預期，無法迅速且廣泛的使大眾接受，但在金融科技方面，它的未來仍舊一片光明。

　　構成 ARKF 持股組合的成分股，包含電子支付企業 Square、圖片搜尋及社交媒體企業 Pinterest、PayPal、被稱為拉美最強電商的自由市場（Mercadolibre），以及房地產仲介平臺 Zillow

---

12　又稱網路借貸，個體和個體之間通過網際網路平臺直接借貸。

13　奇摩股市於 2022 年 6 月的報導表示，加密貨幣市場因美國升息的蝴蝶效應而重挫。

等，幾乎都是家喻戶曉的公司，而 ARKF 最大的特點是，該
ETF 投資 47 間具有破壞式創新潛力的企業。

ARKF 的 MSCI ESG 評級為 BBB，ESG 分數為 4.71 分；碳
強度非常低，為 12.02。該基金在所有被編入 MSCI ESG 基金評
級的同類基金裡排名前 40％，在全球市場中則在前 33％。

截至 2020 年 12 月 8 日，ARKF 的管理資產為 13.2 億美
元，但在兩個月後，於 2021 年 1 月 30 日上漲到 26.6 億美元，
短期內就成長超過 2 倍。

其各項費用及報酬等管理費用相當高，為每年 0.75％。2021
年 1 月 30 日的市價為 52.13 美元，淨值為 51.47 美元，價格非常
接近。ARKF 並無特追蹤某個指數，由於是在 2019 年推出的，

圖表 6-5　ARKF 概要

項目	內容	項目	內容
全名／代碼	ARK Fintech Innovation ETF／ARKF	追蹤指數	無
上市日期	2019 年 2 月 4 日	三個月／一年報酬率	21.27％／106.69％
特點	投資金融創新企業	MSCI ESG 等級	BBB
管理資產	26.6 億美元	MSCI ESG 分數	4.71
管理費用	0.75％	MSCI 碳強度	12.02
淨值／市值	51.47 美元／52.13美元	持有企業數	47

* 資料來源：ETF.com, 2021.01.30。

只能看到一年內的績效，其一年報酬率為 106.69％，是十分優秀的成績。

　　仔細檢視 ARKF 的持股組合，可以發現在不同地區，美國占整體的 65.43％，接著是香港（14.08％）、荷蘭（3.78％）、新加坡（3.68％）、日本（3.24％）、中國（2.60％）、加拿大（2.28％）、臺灣（1.45％）、南非（1.25％）、賽普勒斯（1.20％）。在產業方面，排名前 5 的產業分別為：軟體與 IT 生物技術服務占 52.34％、專業與商業服務占 11.61％、投資銀行占 9.75％、銀行服務占 7.77％、不動產占 5.56％。

　　而在企業方面，前 10 名的比重占了整體的 44.32％，依序為 Square（9.07％）、騰訊（4.94％）、Zillow（4.20％）、自由市場（4.01％）、美國線上期貨交易平臺洲際交易所集團（Intercontinental Exchange，3.92％）、Pinterest（4.58％）、全球消費互聯網公司冬海集團（Sea Ltd. Singapore，3.76％）、PayPal（3.57％）、荷蘭支付平臺 Adyen NV（3.21％）、阿里巴巴（3.06％）。

PRNT：聚焦於最熱門的新技術，3D 列印

　　ARK 3D 列印 ETF（PRNT）由方舟投資於 2016 年 7 月推出，這是第一支將重點放在 3D 列印軟硬體、測量及材料等 3D 列印相關企業的 ETF。

　　PRNT 追蹤 Total 3D-Printing Index 的表現，該指數是為了追蹤 3D 列印產業裡的企業股價變動所設計而成，將重點放在和 3D 列印有關的五個事業領域，也就是 3D 列印的硬體、CAD（電腦輔助設計）與軟體、3D 列印中心、掃描與量測、3D 列

印材料，每一個事業領域在指數中分別被賦予 50％、30％、13％、5％ 和 2％ 的加權，而針對各事業領域中選擇的股票，則賦予相同的加權。

這個 ETF 每一季度都會重組或調整投資組合，而另一個特點是，它投資了 52 家 3D 軟硬體測量研究企業。

PRNT 的 MSCI ESG 評級為 A，ESG 分數為 7.03 分；碳強度低，為 58.57。該基金在所有被編入 MSCI ESG 基金評級的同類基金裡排名前 82％，在全球市場中則在前 93％。

截至 2021 年 1 月 30 日，PRNT 的管理資產為 3.1 億美元，

圖表 6-6　PRNT 概要

項目	內容	項目	內容
全名／代碼	ARK PRNT 3D Printing ETF／PRNT	追蹤指數	Total 3D-Printing Index
上市日期	2016 年 7 月 19 日	三個月／一年／三年報酬率	61.63％／78.94％／15.48％
特點	投資 52 間 3D 軟硬體測量研究企業	MSCI ESG 等級	A
管理資產	3 億 1,482 萬美元	MSCI ESG 分數	7.03
管理費用	0.66％	MSCI 碳強度	58.57
淨值／市值	40.36 美元／39.71 美元	持有企業數	52

* 資料來源：ETF.com, 2021.01.30。

較方舟投資的主要 ETF 來得少。各項費用與報酬等管理費用高，為每年 0.66%，但與其他方舟投資的 ETF 相比偏低。

在 2021 年 1 月 30 日，其市價為 39.71 美元，淨值為 40.36 美元，價格非常接近。報酬率方面，PRNT 的三個月、一年、三年報酬率分別是 61.63%、78.94% 以及 15.48%，十分優秀。

科技領頭羊，以色列企業專門 ETF，IZRL

身為創新強國，以色列在研發創新產品和服務這一方面，堪稱全世界的領頭羊。

圖表 6-7　IZRL 概要

項目	內容	項目	內容
全名／代碼	ARK Israel Innovative Technology ETF／IZRL	追蹤指數	ARK Israel Innovation Index
上市日期	2017 年 12 月 5 日	三個月／一年／三年報酬率	30.25%／42.81%／17.22%
特點	投資 41 間以色列創新企業	MSCI ESG 等級	N／A
管理資產	1 億 7,790 萬美元	MSCI ESG 分數	N／A
管理費用	0.49%	MSCI 碳強度	N／A
淨值／市值	33.10 美元／32.53 美元	持有企業數	41

* 資料來源：ETF.com, 2021.01.30。

　　方舟投資於 2017 年 12 月推出 ARK 以色列創新科技 ETF（IZRL），投資對象為對醫療、生命科學、製造與通訊、IT 產業等，全面追求破壞式創新的以色列企業。

　　IZRL 追蹤的指數為 ARK Israeli Innovation Index，旨在追蹤推動主要創新事業的以色列上市企業之價格變動，該 ETF 最大的特點是，它投資了 41 間以色列創新企業。

　　截至 2021 年 1 月 30 日，IZRL 的管理資產為 1.7 億美元，與方舟投資其他主要 ETF 相比，規模較小。各項費用及報酬等管理費用為每年 0.49％，比方舟的其他 ETF 少。

　　2021 年 1 月 30 日，基金市價為 32.53 美元，淨值為 33.10 美元，價格水準相似。

　　報酬率方面，三個月、一年、三年報酬率為 30.25％、42.81％、17.22％，相當良好。其他資訊如 ESG 評級、ESG 分數和碳強度等，目前尚未公開。

跟上馬斯克的腳步──太空探索 ETF，ARKX

　　在規模幾乎達 500 億美元的美國 ETF 市場中，規模最大也最成功的資產管理公司──方舟投資，於 2021 年 3 月推出了太空探索基金──ARK 太空探索與創新主動型 ETF（ARKX）。

　　這檔基金的投資對象，為從事太空探索及創新投資主題的公司，和前面提到的其他 ETF 一樣，這檔也由方舟主動管理。ARKX 關注的領域，具體包含軌道人造衛星企業（人造衛星火箭載具）、低軌道衛星企業（生產無人機、空中計程車、電動飛機）、輔助太空產業之企業（AI、機器人、3D 列印、材料、能源儲存），最後是能夠受益於航太活動的企業（農業、網際網路

存取、GPS、建設與成像）。

　　ARKX 追求的六個投資方向為可重複使用的火箭領域、軌道太空產業、次軌道太空產業、無人機產業、3D 列印產業以及太空支援產業。

　　ARKX 預計將和擁有 4,400 萬美元規模的全球航太及方位 ETF——Procure 太空 ETF（UFO），以及基於道瓊工業平均指數（DJIA）[14] 的 SPDR 標普 Kensho 最終邊境 ETF（ROKT）等基金形成競爭關係。圖表 6-8 為截至 2022 年 5 月 26 日，ARKX 的基礎資訊。

圖表 6-8　ARKX 概要

項目	內容	項目	內容
全名／代碼	ARK Space Exploration & Innovation ETF／ARKX	追蹤指數	無
上市日期	2021 年 3 月 30 日	一年報酬率	-23.95%
特點	N/A	MSCI ESG 等級	AA
管理資產	3 億 1,482 萬美元	MSCI ESG 分數	8.01
管理費用	3.26 億	MSCI 碳強度	30.19
淨值／市值	14.49 美元／14.25 美元	持有企業數	85

* 資料來源：ETF.com, 2022.05.26。

14　美國市場指數中歷史最悠久的股票指數之一。

03

ARK 執行長最常放進籃子的五間公司

方舟投資執行長伍德在 2021 年初，推薦了 5 大創新企業，而這些企業實際上也是被納入 ARKK 中占比前 5 大的企業，我們下面就來看看。

首先，是大家耳熟能詳的特斯拉。在方舟投資管理的 5 檔主要 ETF 中，於 ARKK、ARKQ、ARKW 的占比皆最高。

截至 2021 年 2 月 23 日，這些 ETF 所持有的特斯拉股份分別為：ARKK 為 8.97%、ARKQ 為 10.01%、ARKW 為 8.5%。從特斯拉在這 3 檔 ETF 中穩居第一的情況看來，可以猜到伍德非常喜歡這間公司。

另一方面，iShares 所發行的 iShares 美國消費品 ETF（IYK），在特斯拉上配置了 19.21% 的股份，是所有 ETF 之中持股權重最高的。

截至 2021 年 2 月，美國 ETF 市場中管理的 209 支 ETF，約持有 5,450 萬股特斯拉的股票，而當時持有最多特斯拉股票的 ETF 是 QQQ，有 960 萬股。**美國 ETF 平均會在持股組合中編入 2.83% 的特斯拉股票**，可看出這個品牌的人氣之高。

持有特斯拉的 ETF 中，在過去 12 個月內績效最好的，是創

下 223.83％ 報酬率，由資產管理公司 Invesco 所發行的潔淨能源 ETF——PBW。

另一方面，在韓國，特斯拉也是最受歡迎的海外股票，該公司唯獨受到韓國散戶的集中關注；光是 2021 年 1 月，特斯拉在 50 兆韓元的海外證券市場投資額中，韓國就占了 11 兆韓元，以壓倒性的優勢位居第一。

在 2021 年第 3 季，美國股票市場中，特斯拉的市值排名在蘋果、微軟、亞馬遜、谷歌、Facebook 之後，位居第六[15]，其股價超過 800 美元，遠遠超過去年一年淨利的 1,000 倍，股價前景相當令人看好。

股價被高估的特斯拉，已經買到高點了嗎？

方舟投資曾預測，到 2024 年，特斯拉的股價將會達到 7,000 美元，也有人樂觀推測可能漲至 1.5 萬美元。

方舟投資正在準備對特斯拉進行新的預測，指出了理解特斯拉潛力的三個獨立變數。

首先是毛利。特斯拉的汽車製造費用究竟會不會遵循萊特定律（Wright's Law）[16] 持續下跌？那麼，特斯拉電動車的平均售價，應該要算多少才合理？為了回答這一些問題，資本效率很重

15　截至 2022 年第 1 季，特斯拉的市值排名在蘋果、微軟、字母控股、亞馬遜之後，位居第 5。

16　在 1936 年由西奧多・萊特（Theodore Wright）率先提出，指某種產品的累計產量每增加 1 倍，成本就會下降一個恆定的百分比；方舟及少數電動汽車和電池行業的分析機構，都把萊特定律當成分析技術未來趨勢的核心因素之一。

要，但若要建構新的生產能力，特斯拉的單位成本又是多少？推動未來汽車市場的最大要素是自動駕駛技術，但特斯拉真的能夠成功提供完全自駕的計程車服務嗎？

目前，特斯拉股價被過於高估，單純從現在的營收來看，只有全球汽車公司的 1% 左右，但市值卻占了整體的 20% 以上。

不過，縱使華爾街已經有許多分析師指出其股價被過於高估，為什麼他們還是推薦大家繼續投資特斯拉？很多散戶會問，是否應該將焦點放在特斯拉是一間創新成長企業這件事上，以長期觀點繼續積極投資？我們可以舉出三個要買進特斯拉股票的理由。

第一，許多散戶認為，特斯拉不是單純的電動車製造商，而將它視為一間懂得運用資料、具有擴張性的行動平臺企業。也就是說，這個看法是認為特斯拉可以用軟體擴張到自動駕駛、無人計程車、資訊娛樂、保險、通訊等大範圍領域，打造出新的行動生態界和營收模型。

從這個角度來看，散戶們可以有信心的認為，特斯拉將會創造出一個時下汽車企業無法跟進的新市場。

第二，伍德強調，**特斯拉具備的 AI 和自動駕駛技術，相當有可能成功。**特斯拉在全世界奔馳的同時，蒐集到 30 億英里（約 48 億公里）的行駛資料，如此龐大的數據，連後起公司都很難追趕得上，甚至連谷歌的資料，都不過只有 2,000 萬英里（約 3,218 億公里）。

特斯拉的自動輔助駕駛，是一邊讓汽車實際在道路上行駛，一邊蒐集資料後，再透過分析來打造；自動駕駛技術要改善，就必須盡可能獲取越多資料越好，雖然資料的品質也很重要，但數

量的重要性絕對不容忽視。

另外，我們也不能不考慮到馬斯克所成立的民間太空科技公司 SPACE X 的潛力。一旦超高速網際網路開始在全球普及，那麼只要透過衛星，特斯拉電動車就能互相通訊，並透過這個過程，使自動駕駛技術更加完善。

從這一點看來，我們可以說目前的高股價，合理反映了特斯拉未來的企業價值。

第三，是馬斯克為全球暖化危機和人類未來著想的願景。馬斯克的夢想和願景，在一些年輕散戶之間形成了強烈的粉絲文化，猶如迷戀防彈少年團的少女們一樣，許多年輕散戶認同並追隨馬斯克，順帶拉動投資熱潮。

馬斯克很單純的提問：「我們為什麼要打造電動車？這件事為什麼很重要？」而答案也很簡單：「這是因為加速（減碳）轉換到永續運輸，非常重要。」

對此，近期比爾‧蓋茲提及馬斯克時，也說道：「電動車是解決環境和氣候變遷問題的方法之一，我認為馬斯克做出了最大的貢獻。」

另外，美國創業投資公司 Social Capital 的執行長查馬斯‧帕利哈皮提亞（Chamath Palihapitiya）曾說：「我深信最有錢的人必須成為戰士，以阻止氣候變化。」他表示，馬斯克正好好的扮演著這個角色，並給予馬斯克支持。

總結來說，在投資前，我們應該檢視該企業的執行長追求何種夢想及價值，這是很重要的投資原則，而伍德看好特斯拉的未來價值，並長期投資這間公司，我們雖然不用完全跟隨她，但她的洞察力，仍非常值得我們關注。

剪線潮來襲，Roku 成為每個人的生活用品

美國排名第一的串流平臺 Roku，是一家生產數位媒體播放器、總公司在加州聖荷西的上市企業。該公司重要的營收來源之一是廣告收入，另外還販售遙控器等硬體設備，同時身兼平臺，透過 Roku OS 提供 OTT 服務（over-the-top media service）[17]。

Roku 在剪線潮（cord-cutting）中，發揮連結消費者和 OTT 服務的平臺作用，而所謂「剪線」，指的是觀眾停止加入付費電視頻道，轉向加入網路電視、OTT 等新平臺的現象。消費者可以透過 Roku 使用 OTT 服務，而 OTT 服務則可藉由 Roku 這個平臺傳達給觀眾，換句話說，Roku 在消費者和內容提供者之間扮演橋梁的角色。

截至 2021 年 2 月，有 105 支美國 ETF 持有大約 970 萬股 Roku 的股票，這家創新企業在 ARKK 的持股比重中占第 2 名（6.84%）、在 ARKW 的持股比重中占第 5 名（3.73%）。美國 ETF 平均持有 0.92% 左右的 Roku，其中持有 Roku、在過去 12 個月內績效最好的 ETF 是 ARKW，獲得了 173.42% 的收益。

疫情後最遠距醫療護理的領頭羊，
Teladoc Health

Teladoc Health 是虛擬護理領域的領頭羊，該公司讓患者在身體不舒服時，可以不用直接去醫院，而是用視訊方式問診，並在線上取得處方。Teladoc Health 的非面對面服務，是時間和空

17　透過網際網路，直接向觀眾提供的串流媒體服務。

間上的創新，從這個層面來看，公司的前景相當光明。

　　人們為什麼會逐漸對遠距醫療護理產生興趣？這個理由，首先可以從世界主要國家的高齡化，以及高齡化引起的醫療費用增加趨勢說起。

　　目前，占全世界人口 13％ 的 65 歲以上人口，正在支出全體醫療費用的 40％。**考慮到主要先進國家的高齡化趨勢，我們可以預見未來醫療費用將會增加**，而和 GDP 相比，現在醫療費用也確實呈現日益增加的趨勢。

　　這使得在新冠疫情下，發現遠距醫療需求的醫療界領導者們，變得更想加碼投資數位醫護相關技術。

　　Teladoc Health 在方舟投資的三個主要 ETF 中大受歡迎，截至 2020 年 11 月 30 日，該公司在 ARKG 裡以 4.33％ 的持有率，位居第六；而在 2021 年 2 月 23 日，持有率為 8.24％，成了持股率最高的股票。

　　另一方面，方舟的主力 ETF ARKK 也在增加 Teladoc Health 的比重。截至 2020 年 11 月 30 日，以比重 3.92％ 位居第 7 名的 Teladoc Health，在 2021 年 2 月 23 日上升到第 4 名，持股率為 5.17％，成為 ARKK 中持股率相當高的股票。

　　而在 ARKW 方面，截至 2020 年 11 月 30 日，以 3.27％ 位居第五的 Teladoc Health，到了 2021 年 2 月 23 日，則以 4.04％ 的持股率上升到第 4 名，成為 ARKW 主要持有的股票之一。持有 Teladoc Health 的 3 檔 ARK ETF 中，過去 12 個月以來績效最好的 ETF 是 ARKG，報酬率達到 210.39％。

　　截至 2021 年 2 月，總共有 128 檔美國 ETF，持有約 1,720 萬股左右的 Teladoc Health 股票，其中，最大持有者是 ARKK，

有 489 萬股左右；另外，放最多持股權重在這檔股票的 ETF 為 ARKG，比重為 8.24％。美國 ETF 平均在投資組合中配置 0.81％ 左右的 Teladoc Health 股票。

金融科技龍頭企業，Square

Square 是美國金融服務、特約商店服務及行動支付公司，總部在加州舊金山，這間公司販售軟硬體支付產品，並開發製造線上和線下商店使用的支付軟體與機器。

包含美國在內的許多主要國家，比起現金交易，更偏好信用卡或行動支付，而隨著這個現象持續加深，電子交易市場規模逐漸擴大，該公司長期成長的潛力也相當被看好。

至於方舟投資，又持有多少 Square 的股票？目前在美國境內交易的 141 檔 ETF 中，持有的 Square 股票約為 2,150 萬股，而 ARKK 就持有約 519 萬股，是 Square 股票最多的持有者。

該公司在 ARKK 所持有的股票中排名第 3，而截至 2021 年 2 月 24 日，在 ARKK 的持股成分裡所占的比重為 5.24％。另外，Square 在 ARKW 的占比亦排名第 3，約為 4.27％。

截至 2021 年 2 月 24 日，ARKF 在該股票上維持最高的持股權重，比重為 9.54％，美國每個 ETF 則平均持有 0.81％ 的 Square 股份。

治療白血病的基因編輯技術，
CRISPR Therapeutics

CRISPR Therapeutics 是一間生物科技企業，在 2013 年於瑞士成立。CRISPR Therapeutics 的基因編輯[18] 技術領先全球，致力

於針對重大疾病引起的基因突變研發藥品。

該公司使用創新基因編輯技術 CRISPR 來研發產品，而基因編輯的基本概念，基本上就是透過修改及取代 DNA，來追求治療疾病的效果；該公司擁有多種疾病領域的治療項目組合，包含血鐵沉著症（Hemochromatosis）[19] 及白血病等目前技術難以治療的罕見病症。

CRISPR Therapeutics 有投資價值嗎？從短期來看，雖然過去幾個月公司股價下跌，但這間公司擁有 14 億美元的現金，且幾乎沒有負債，資產負債表非常健康，從這裡，我們可以評定出 CRISPR Therapeutics 在財務上具備彈性，可以支持今後數年間的研究專案，因此，對於在今後五年內可以買進並抱緊等待的長期投資人來說，是一個很有吸引力的標的。

遊戲驛站軋空事件，炒短線不可行的原因

在結束這個章節的同時，我想討論一下最近年輕散戶的投資方式。2020 年，許多海外散戶買進美國的特斯拉、蘋果、亞馬遜、谷歌等科技巨頭，但若看 2021 年 2 月 18 日海外股票買進的狀況，會發現突然跑出一間名為遊戲驛站（GameStop）的公司，位居第 2 名（15 億美元），僅次於特斯拉（36 億美元）。

你可能有看過新聞，知道這間企業是因為投機性投資而引

18　在活體基因組中進行 DNA 插入、刪除、修改或替換的技術。

19　過多鐵蓄積在體內，造成器官病變，其中以肝臟、腎上腺、心臟及胰臟病變最為常見。

起爭議的美國電視遊戲零售商[20]。在這裡，我想提出兩個重要的問題。

第一，身為投資人，我想對特斯拉的 ESG 等級表示質疑。特斯拉為電動車企業，ESG 等級顯然會很高，但是，在 2021 年 2 月，馬斯克突然將 15 億美元投資到比特幣上，讓所有人都大吃一驚。

從 ESG 觀點來評估特斯拉時，馬斯克投資比特幣此一舉動，造成指數提供商之間的評級出現懸殊差異。

MSCI 把對環境解決方案的貢獻度，當成 ESG 的評級標準，給予特斯拉很高的分數；相反的，倫敦證券交易所集團富時羅素（FTSE Russell）和 Sustainalytics 則因為特斯拉的公司治理問題，在 ESG 分數上給予低分。

大家都知道，開採比特幣需要大量能源，而且這個過程中會排放大量的二氧化碳。最近英國劍橋大學曾經估計，開採比特幣一年所使用的電力約為 116TWh[21]，此使用量大於荷蘭全國用電量，僅比擁有 2.11 億人口的巴基斯坦的使用規模少一些。

數位貨幣網站 Digiconomist 曾指出，開挖比特幣會產生可與

---

20 2021 年 1 月發生的遊戲驛站軋空事件：因知名賣空機構香櫞研究（Citron Research）表示不看好遊戲驛站未來發展，部分企業開始賣空（借入股票賣出，以賺取低價買回股票之價差）該公司的股票，引發美國散戶群情激憤，透過網路論壇號召，發動對遊戲驛站股票軋空（即抬高股價，迫使賣空的投資人於股價高點回補），此舉大幅推高遊戲驛站的股價，使放空遊戲驛站的知名基金損失慘重，一時傳為散戶戰勝華爾佳的佳談。然而，狀況僅維持不到一週，遊戲驛站股價便在六天內跌回原點，中途加入者無不慘敗出場。

21 1TWh 等於 10 億度。

紐西蘭相比擬的溫室氣體排放量，其耗電量相當於整個智利，該網站強調，加密貨幣對環境造成的不良影響比這還嚴重。

比特幣支持者主張，在開採過程中，有時候也會使用再生能源；但是，由於比特幣開挖集中在主要以燃煤發電的中國，使用再生能源的比率相當低。

結論很清楚，在評估特斯拉時，有必要從環境的角度，檢視開採比特幣的影響及能源效率。而馬斯克投資比特幣這件事，讓人們對特斯拉，特別是對環境，有了更多省思。

第二，是有關遊戲驛站的提問。不管怎麼說，能在那麼短的時間內聚集到那麼多投資金，真的很驚人。我們要將這視為追隨流行的「動能投資」嗎？如果是動能投資，那就不該視其為投資，而是投機，這樣不是更有說服力嗎？這個事件，越看越像是短期舉辦的賭場博奕，而不是在和賣空勢力作戰。

其實，當時的熱潮就如同是在證券交易所裡賭博一樣，人人都只集中在短期報酬率上，可以說是典型的「賭場資本主義」（casino capitalism）。

資本主義金融化超越國界，在短期內展開行動，這無異於一場「押錢吃錢」的賭局。這樣的資本主義，並不是對價值優良的企業抱持合理期待，藉此進行長期投資，而是利用超快速的短期投資所形成的膚淺資本主義。

就像這樣，我們很容易忘記要用 ESG 促成永續發展，反倒陷入金錢遊戲之中，先是受到誘惑，後來又因為泡沫破掉而步入危機之中。

就像國際金融大亨喬治·索羅斯（George Soros）在 1992年，在一個月內賺進 10 億美元的差價，展現了賭場資本主義的

高潮[22]；看到藉這次事件大幹一票的散戶們，在網路上驕傲的分享自己投機成功的模樣，不禁讓人感到害怕。在這裡，我想再次提出簡單且根本的問題：「我們為什麼要投資？」

巴菲特曾在 2001 年的記者會上說：「我們在決定投資時，必須捫心自問兩個問題，第一個是：『那是可以理解的嗎？』第二個是：『那重要嗎？』我們知道世界上存在許多重要但無法理解的東西，但要是這個東西無法理解，那就必須忘記。

「接著，就算可以理解，若不重要，那就是毫無用處，不去在意它也行。可以理解又重要的東西非常多，而我們必須專注在那些地方，其他東西就不用管了。」

因此，我們也可以問自己，藉著投資遊戲驛站對抗賣空主力很重要嗎？買進遊戲驛站股票，能幫助人們不受疾病所苦嗎？投資遊戲驛站，能幫助減少碳排放、讓我們過上更好的生活嗎？

我們的資本有限，但需要我們投資的企業太多了，如同比爾・蓋茲最近在其著作《如何避免氣候災難》（*How to Avoid a Climate Disaster*）中所警告，氣候災難將會成為比新冠疫情更大的災難，迅速朝我們靠近。

如今，我們迎來第四次工業革命，現在正是我們拯救地球、集中投資再生能源 ETF、阻擋全球暖化的時候了。夢想讓世界改頭換面、實現淨零排放，並展望十年後的未來，這就是 ESG 投資的宗旨。

22　1992 年 9 月，索羅斯從英鎊空頭交易中獲利 10 億英鎊，英國財政部在當日迅速失去幾十億英鎊的儲備金，因此被迫退出了歐洲外匯機制。

04

績效都很好，怎麼選股？
重複標的多就刪除

　　下頁圖表 6-9 和第四章介紹的圖表 4-22 是同一份，該表是 ETF.com 以報酬率為標準，將全球超過 6,000 支 ETF 排名後，在 2020 年 12 月 24 日所發表的 20 檔最優秀 ETF。

　　如圖表 6-9 所示，看看 2020 年創下最高報酬率的 ETF，就可以知道在科技部分，方舟投資的 ETF 支配了市場。

　　接下來，我們來看看方舟投資 5 檔主要 ETF 的報酬率績效。第 238 頁圖表 6-10 整理了第六章介紹的方舟主題式 ETF，在這個表格中，我們可以發現幾項有趣的事實。

　　第一，圖表 6-9 介紹 ETF.com 選定的前 20 名 ESG ETF 排行榜，而方舟投資的 5 檔主要 ETF 中，有 4 檔榜上有名。投資到基因體革命的 ARKG 報酬率最高，達 185%，ARKW（151%）是第 4 名、ARKK（148%）是第 6 名，而 ARKF（101%）則位居第 18。

　　第二，圖表 6-10 介紹方舟投資 ETF 的管理資產、管理費用、報酬率和 ESG 分數。ARKK 的管理資產規模最大，為 231 億美元，接著依序是 ARKG（108 億美元）、ARKW（67 億美元）、ARKQ（29.5 億美元）、ARKF（27.4 億美元）。PRNT

圖表 6-9　2020 年績效最佳的 ETF

排名	代碼	基金名稱	年報酬率
1	ARKG	ARK 生物基因科技革新主動型 ETF	185.32%
2	TAN	Invesco 太陽能 ETF	179.35%
3	PBW	Invesco WilderHill 乾淨能源 ETF	162.00%
4	ARKW	ARK Next 物聯網主動型 ETF	150.77%
5	QCLN	First Trust 納斯達克 Clean Edge 清潔綠能指數 ETF	149.12%
6	ARKK	ARK 新興主動型 ETF	148.25%
7	IBUY	Amplify 網路零售業 ETF	112.22%
8	PBD	Invesco 全球乾淨能源 ETF	112.10%
9	IPO	Renaissance IPO ETF	110.43%
10	ACES	ALPS 乾淨能源 ETF	108.95%
11	KGRN	KraneShares MSCI 中國清潔科技指數 ETF	107.37%
12	ICLN	iShares 全球乾淨能源 ETF	104.88%
13	CNRG	SPDR 標普 Kensho 乾淨能源 ETF	104.76%
14	ONLN	ProShares 網路零售業 ETF	104.58%
15	LIT	Global X 鋰電池技術 ETF	101.83%
16	OGIG	O'Shares 全球互聯網巨頭 ETF	101.57%
17	WCLD	WisdomTree 雲端運算 ETF	101.41%
18	ARKF	ARK 金融科技創新主動型 ETF	101.33%
19	XVZ	iPath 標普 500 動力波動率指數 ETN	96.64%
20	SMOG	VanEck 低碳能源 ETF	93.97%

* 資料來源：ETF.com, 2020.12.24。
* 截至 2020 年 12 月 14 日，累計全年的總報酬率。

和 IZRL 相對來說規模較小。

方舟的 5 支主要 ETF 管理費用都非常高，介於 0.75％～0.79％ 之間，不過 PRNT（0.66％）和 IZRL（0.49％）的費用則稍微低一些。

此外，如果比較這 5 檔 ETF 的一年和三年報酬率時，會發現 ARKG 最領先，但 ARKK、ARKQ、ARKW、ARKF 的一年報酬率全都超過 100％，表現績效優秀，和 PRNT、IZRL 相比，這 5 檔 ETF 在一年和三年的報酬率表現上傑出許多，而它們的 ESG 等級和分數則差不多，都在 B、BBB 和 A 之間。

第三，表中比較了方舟投資追求創新的五個主要 ETF，和全球最活絡、最大眾化的 ETF——QQQ 的報酬率績效。QQQ 追蹤的指數為那斯達克 100 支上市股票的修正市值加權指數，和 QQQ 比較時，方舟投資的 5 檔創新 ETF 在報酬率上，全都展現了壓倒性的優勢。

ARKK 在一個月（9.92％）、三個月（50.58％）、一年（170.12％）、三年（51.96％）的報酬率，都比 QQQ 的一個月（4.6％）、三個月（14％）、一年（46％）、三年（26％）的報酬率要來得優秀許多。

還有一個有趣的結果是，在比較方舟投資 5 檔創新 ETF 和 QQQ 時，除了 ARKG 以外，其他 4 檔 ETF 的 ESG 分數和等級都比 QQQ 還要好。

買好就抱緊，報酬率目標設定 15％

總結來說，方舟投資集結了全球最創新的企業，並發行了 5 支 ETF，而這些 ETF 全都在 2020 年展現極佳績效。這樣的報酬

圖表 6-10　分析方舟投資的主要創新 ETF 報酬率績效

代碼	主題	排名	累積報酬率（％）	管理資金（美元）
ARKK	創新技術	6	148	231 億
ARKQ	機器人自動駕駛	N／A	N／A	29.5 億
ARKW	次世代網際網路	4	151	66.7 億
ARKG	基因體革命	1	185	108.3 億
ARKF	金融科技創新	18	101	27.4 億
PRNT	3D 列印	N／A	N／A	3.15 億
IZRL	以色列創新技術	N／A	N／A	1.77 億
QQQ	那斯達克			1.55 億

率告訴人們，改變世界的大創新時代已經開始了。那麼，散戶們在這種趨勢下，又應該讀出什麼訊息？

在第六章，我們檢視了到目前為止，方舟投資的 8 檔 ESG 創新 ETF。這些 ETF 的績效和報酬率，在全球所有 ETF 金融商品中絕對是一流的，而這也明確的告訴我們，散戶應該順應第四次工業革命的新趨勢，將被評為世界第一的成長創新企業，放入自己的投資組合中。

在方舟投資的 ETF 中，依舊是主軸的 ARKK，就像是一道豐富的創意料理，裡頭包含各個領域數一數二的創新企業；像這

管理費用 （％）	報酬率（％）				ESG 等級 （分數）
	一個月	三個月	一年	三年	
0.75	9.92	50.58	170.12	51.96	BBB（4.34）
0.75	19.00	55.89	131.16	36.21	A（6.13）
0.79	10.34	42.29	157.51	53.15	BBB（4.67）
0.75	2.48	52.36	207.11	56.31	B（2.45）
0.75	7.35	27.42	107.73	N／A	BBB（4.71）
0.66	27.60	68.89	77.92	15.47	A（7.03）
0.49	9.88	34.45	40.92	17.09	N／A
0.20	4.61	14.05	45.98	25.85	BBB（4.33）

樣，在這麼多元又豐富的菜色裡，我們該選擇哪一道來投資？

首先，先觀察組成這 5 檔創新 ETF 的企業，你就能獲得一些方向。第一，我們必須關注 ARKK，因為 ARKK 是方舟投資的 5 檔主要 ETF 中規模最大的 ETF，管理資產占方舟投資 ETF 的一半以上。

ARKK 所持有的前 20 名企業（請見第 268 頁），與其他 ETF 所持有的前 20 名企業有許多重複，這就是很好的說明。

例如，它和 ARKQ 重複了特斯拉及台積電兩家企業，又和 ARKG 重複 Teladoc Health、精密科學、CRISPR Therapeutics、

Invitae、純粹儲存等六家企業；和 ARKF 也重複 Square、騰訊、Zillow、PayPal、美國雲通信平臺公司 Twilio 和美國電子管理服務公司 DocuSign 等六家企業。

另外，和 ARKW 則足足重複了特斯拉、Roku、Square、Teladoc Health、Spotify、Zillow、騰訊、純粹儲存、PayPal、Shopify、Twilio 等 11 家企業。改變生產與儲存能源方式的特斯拉、引領電視內容消費方式產生變化的 Roku、改變支付與借貸方式的 Square、遠距醫療公司 Teladoc Health、全球最大音樂串流企業 Spotify、改變房屋搜尋與租賃買賣方式的 Zillow 等，都是主要重複的企業（截至 2021 年 1 月 30 日的資料）。

在這裡，我們可以獲得很明確的教訓，那就是，由於相同的企業一直在重複，身為散戶的我們在選股時，不需要將它們全部列入考慮中，尤其**沒有必要同時投資到和 ARKK 重複最多的 ARKW 上**。

ARKK 是把所有方舟投資的代表成分，全都放進籃子裡的 ETF 精品，換句話說，ARKK 是集 ARKQ、ARKW、ARKG、ARKF 的主要成分於一身的 ETF。

第二，方舟投資的前 10 名 ETF 中，經常重複的一個重要主題是基因體革命。

在投資面上，基因體革命非常值得注意；ARKG 所追求的基因體革命，可說是方舟投資的核心座右銘，是最強勁有力的口號，許多遺傳學領域的公司，都正透過 CRISPR、標靶治療藥物、生物資訊學、分子診斷等技術，來聚焦於基因體學，尋求這個領域的創新。

這裡所說的公司，包含 Invitae、CRISPR Therapeutics 和中

國智能科技公司拓維思特等企業。

方舟投資推出的 5 檔主要 ETF，全都追求創新，而在這之中，我們尤其應該關注 ARKG。為什麼？其實，ARKG 被稱為挽救人類生命的價值投資 ETF，而光從這點看來，就能知道 ARKG 正努力提升我們的生命品質，讓世界變得更好。

基因體研究不僅能改變科技世界，還能研發出治療癌症等許多疾病的新藥，與生命息息相關；更進一步的，為了戰勝伴隨全球暖化而來的食糧危機，還可以將基因體研究用在開發新品種等實驗上，結合動植物領域，為我們帶來超乎想像的革新。

我們要關注 ARKG 的另一個理由，在於其優秀的報酬率。ARKG 在 2019 年上漲到 180% 以後，在 2020 年成為獲得最高績效的 ETF 之一。

ARKG 因為有 CRISPR Therapeutics、拓維思特及太平洋生物科學公司等，在績效上表現卓越的企業加持，從 2021 年第一天開市，到 1 月 22 日為止，ARKG 在一個月內足足創下 19% 的高報酬率。

那麼，你也可能會問，那我怎麼不乾脆直接投資 ARKG 持有的多家企業就好了？其實，我不太建議散戶去分析 ARKG 的成分企業，並將它們放進投資組合中，因為如果你沒有很了解基因工程，那就很難理解研究 DNA 定序的企業，因此，要直接投資這個領域的公司，並藉此得到滿意的績效，幾乎不可能。

根據我過去幾年來，持續觀察方舟投資選擇前 20 名企業的過程，我發現，依照企業的開發狀況和績效，方舟會不斷更新持有標的和比重，因此，散戶要配合這個速度調整自己的投資組合，可說是天方夜譚。

在這個章節，我們探討了 5 檔方舟投資 ETF，而 5 檔 ETF，是由各個領域的跨國創新企業組成的金融商品，內容相當驚人。

由於這些 ETF 由各式各樣的創新型企業所構成，與投資個別企業相比，風險低了很多，而透過這樣的商品，我們可以放心投資未來，進行至少上看十年的長期投資。

最後，方舟投資的 3 檔 ETF，在 2020 年雖然平均報酬率達到 150% 以上，但從 2021 年初開始到 3 月，隨著市場調整，報酬率也多少出現頹勢。隨著 2021 年 2 月到 3 月的股價下跌到 20%～25%，不少散戶感到非常失望。

不過，即使你有買進，也不應該因下跌而失望。我們在投資之前，就應該要清楚知道每一個 ETF 的管理原則，方舟的所有商品，都有明確的管理方針，以及選擇特殊成分的基準，這也是**為什麼方舟投資的所有 ETF 都沒有追隨績效指標。**

如果要給自己一個目標，可以設定在將來五年內，獲得年平均約 15% 的報酬率。當然，這對於期待出現 150% 高報酬率的散戶來說，可能會感到失望，但請你記住，我們必須了解方舟投資的投資目標。

還有一件需要牢記的事，那就是，我們要降低對報酬率的期待、放長抱緊時間，也就是將目標放在五年後總報酬率 100%，如果在這段期間內出現短期虧損，也要持續積極的買進。所有創新企業都是如此，若期待在一、兩年內就能賺取暴利，只會徒勞無功。

總的來說，散戶最需要的常識和原則，就是在買入之前，要理解該商品的管理原則、哲學及管理屬性，這就是投資的第一個原則。

　　第二個原則是，一旦選定標的並買入後，就要相信自己的選擇，此時，你必須學會等待。至於第三個原則是，散戶要懂得解讀時間的流向，而不是關注特定時機，尤其是在投資 ARKG 這類基因體創新企業時，絕對不可能在短期內就創造巨大績效，一定要給這檔 ETF 五到十年的時間。

　　一言以蔽之，ESG 的三大原則，其實就是理解、信賴，以及時間。

最創新，
也最穩定的投資方式

　　隨著社會更加強調符合自我價值的生活，散戶在選
股時，也更加強烈的展現出自我價值。如今，是把 ESG
從投資組合的額外要素，轉換成必備要素的時候了。
在第七章，我們將重新理解 ESG 的意義，以及為什麼
ESG ETF 是最新型的價值投資方式。

01

最新型投資方式，
不只看風險與報酬

　　ESG 是最新的投資理論，將我們從傳統二元的現代投資組合理論（Modern Portfolio Theory，簡稱 MPT）[1] 引向包含 ESG 要素、新的三元投資組合理論（Tri-criterion Portfolio Theory，簡稱 TPT）[2]。

　　首先，我們來認識一下 MPT。此理論源於諾貝爾經濟學獎得主哈利・馬可維茲（Harry Markowitz）在期刊上登出的論文，MPT 旨在說明為了讓你期待的報酬（報酬率）最大化，你不應該投資在單一資產，而是應該投資到幾個不同的資產，也就是分散投資到不同的資產組合，這樣可以降低風險。

　　根據 MPT，風險程度相同但報酬率最高的投資組合，或是報酬率相同但風險最低的那個投資組合，就是所謂的「效率投資組合」（Efficient Portfolio）。按照該理論的說法，為了找出效

1　歸納了理性投資人如何利用分散投資，來最佳化他們的投資組合。

2　Sebastian Utz,"Tri-criterion inverse portfolio optimization with application to socially responsible mutual funds", 2014, European Journal of Operational Research, p.491~498.

率投資組合，我們必須持續不斷的分析資訊，並且分散投資。

　　該理論指出，投資者在下決策時會考慮兩種變數，那就是報酬和風險。風險和報酬為抵換（trade off）[3] 關係，基本上，風險低，報酬就低，而期待高報酬時，就會伴隨著更大的風險。換句話說，風險和報酬是要互相取捨的（risk-return trade off）。

　　效率投資的定義是，所有投資人會在既有的風險程度上，追求最高的報酬，或是在既有的報酬中將風險最小化。該理論主張，投資人可以透過不斷分析資訊、進行多樣化投資來找到最佳的風險與報酬，也就是說，只要找到效率投資組合，就能打造更有效率的市場。

　　不過，如果僅是為了找出有效的投資組合，而只集中在報酬和風險這兩個變數上，那麼，遇到突如其來的衝擊時，散戶該如何應對？說得具體一些，**遇到如新冠疫情及全球金融危機這類的衝擊時，我們可以如何反應？**

　　再說，單靠報酬和風險這兩個變數，就能解釋投資人的決策和金融市場的變動性嗎？靠分散報酬，真的能讓散戶衡量風險，並推測到真正的風險嗎？

　　到目前為止，我說明了為什麼我們必須追求 ESG 投資，藉此長期創造出永續經濟，但我們也必須提出一個問題，那就是：ESG 投資要求實現永續經濟，還必須應對氣候變遷，不過，MPT 理論能夠確實解釋 ESG 投資的必要性嗎？

　　令人擔憂的是，MPT 理論裡幾乎沒有關注到這樣的問題，

3　和「取捨」的意義相近，即魚與熊掌不可兼得之意。

究竟此理論是否忽視了永續責任這個要素，只追求短期的利益和效率，這點，我們應該再三思考。

即使在 2020 年，疫情使經濟陷入重大的危機，ESG ETF 依然高漲，創下比普通 ETF 還要高的報酬率，風險也比較低，但 MPT 理論能解釋這種現象嗎？

在新冠疫情襲捲全世界的同時，我不僅對 MPT 理論的基本假設產生疑問，還讓我思考 MPT 理論根本上的局限性，甚至是其無用性。效率投資組合理論這個核心概念，無法解釋全球金融市場的系統性風險，這其實就暴露了它根本上的局限性。

因全球化影響，全球金融市場在過去二、三十年內迅速集中到少數幾個大型投資機構，排名全球前 5 的管理公司就占了整體市場的 25%[4]，而前 10 名的資產管理公司，手上則握有 24 兆美元的管理資產。

在這種情況下，因系統所引起的風險很可能為市場帶來巨大衝擊。問題是，許多大型投資機構的規模越來越大，在全球金融市場所占比重也越來越高，即使根據 MPT 理論，為了盡可能減少投資組合的變動性、將報酬率最大化而分散投資，當遇到全球危機或系統性風險時，也很難倖免於難。

如果企業規模小，就可以投資到債券或黃金這類防止景氣停滯的資產，或是將資金注入景氣停滯時仍有退路的企業，用這種

4　截至 2020 年 12 月，排名前 5 的資產管理公司分別為：貝萊德（7.3 兆美元）、先鋒領航（6.1 兆美元）、瑞銀集團（UBS，3.5 兆美元）、富達投資（Fidelity Investments，3.3 兆美元）、道富環球投資管理（3.5 兆美元）。

方式避開氣候變遷等系統性風險。

　　但是，管理資產規模如果像擁有數兆美元的大型投資機構或退休基金一樣，那就無法分散系統性風險。換句話說，在目前這個狀況，為了預防全球性危機而選擇多元化投資，你仍不可能避開危機。

　　MPT 理論還有另一個問題，它認為 ESG 風險可以分散，但若觀察實際投資業績，就能發現 ESG 評級不良的企業或完全沒有實踐 ESG 的公司，因 ESG 風險導致的企業損失極大。

　　從 2014 年到 2020 年，美國大企業的市值就因為這幾個主要 ESG 風險，損失了5,340 億美元[5]。

　　有鑑於此，最近以機構投資者為中心，逐漸傳開這個認知：在管理長期性風險時，透過加入 PRI（聯合國責任投資原則）來整合 ESG 議題，非常重要。

　　此外，機構投資者與退休基金還要求貝萊德、道富等大型資產所有者，系統風險管理必須更嚴格。

TPT 理論，讓高報酬不再等於高風險

　　全球投資環境正在急遽變化，在脫碳化的過程中，世界金融的投資方向將扮演相當重要的角色。為了走向低碳經濟，許多散戶（以千禧世代為主）選股時，一定會考慮 ESG 標準，追求永續成長價值，即使報酬率比普通 ETF 還低，他們仍然情願投資 ESG ETF。

5　　US Equity and Quant Strategy, FactSet, 2020.

　　為了管理氣候風險，除了報酬和風險以外，我們還應該考慮 ESG 標準，在投資組合中，把暴露在碳風險的接受度當成另一個選股標準。

　　為了做到這件事，我推薦捨棄 MPT 理論，改將前面提到的 TPT 理論當成標準；影響選擇標的的因素，不應該只有風險和報酬，還必須包含 ESG。

　　在投資方面，要同時追求穩定性與報酬幾乎不可能，我們很難一邊使用低風險的投資方式，一邊提高報酬率。「高風險、高報酬」與「低風險、低報酬」這兩句常聽到的話，便是出自這種關係。接下來，我將用圖表說明風險和報酬率的關聯性。

　　請參考右頁圖表 7-1，這張圖的兩個軸分別代表風險和報酬變數，不過，為了標示風險與報酬率的抵換關係，圖表 7-1 使用有別於傳統圖表的標準；在風險的部分，位置越往上，風險就越低；同樣的，在報酬的部分，位置越靠近水平線的右方，代表投資報酬率越高。

　　請看 AB 線上的 D 點和 E 點，根據圖表，可以看到 E 點的風險（G）和報酬率（I）都比 D 點高，也就是高風險、高報酬。反之，D 點的風險（F）和報酬率（H）比 E 點還要低，是低風險、低報酬。

　　接下來，請見右頁圖表 7-2。這是在考慮到風險和報酬率兩個變數後，在二元曲線圖上增加第三個變數的三元投資組合。

　　這張圖解釋了風險、報數和 ESG 變數。同圖表 7-1，風險變數為垂直線，越往上走，風險越低（－），而越往下走，風險就越高（＋），也就是從 A 往 D 走，風險會減少。

　　不過，我得怎麼做才能從 A 走到 D，也就是，我能如何降低

圖表 7-1　不考慮 ESG 的 MPT 理論

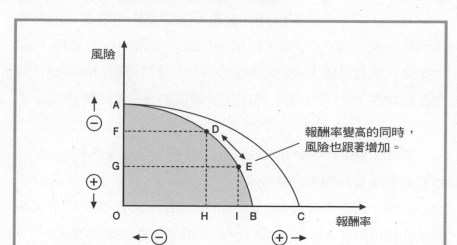

圖表 7-2　考量 ESG 的 TPT 理論

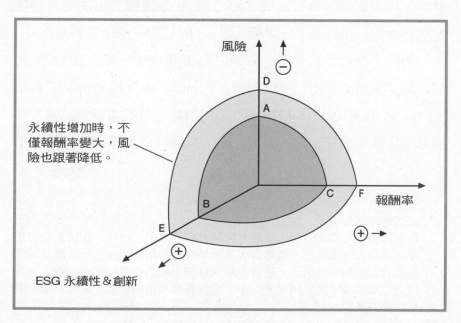

風險？

　　首先，如果做長期投資，就能避開短期內可能發生的變動性風險，使你往 D 移動。更重要的是，要排除沒有實踐 ESG 的企業，也就是將 ESG 風險高的公司，從投資組合中移除，只買進有實踐 ESG 的企業，這樣就能降低風險，往更穩定的 D 方向走。

　　那麼，風險和報酬在這裡有什麼關係？如同圖表 7-2 所示，從 C 越往 F 走，報酬率會越高。

　　最後，讓我們來看看 ESG 變數。在此，B 表示 ESG 評級較低（如高碳排），E 表示 ESG 評級較高（如低碳排或脫碳）。

　　如果投資 ESG 等級高的 ESG ETF，等於你選擇了 E、而不是 B，此時永續性就會變高；同樣的，和 B 比起來，E 這個投資組合可說是 ESG 創新性和永續性高的投資組合。如同前面所解釋的，即便在新冠疫情期間，ESG ETF 的回復力也較高，而且更重要的是，和一般 ETF 相比，ESG ETF 的投資報酬率較高。

　　所以，我們在選股時，只要同時考慮報酬、風險及 ESG 要素，就能實現更高的柏拉圖前緣（Pareto front）或是柏拉圖效率（Pareto efficiency）[6]。柏拉圖效率指的是，若不讓至少一個人受到損失或降低喜好標準，那麼，個人或喜好標準就無法達到更好

6　經濟學家維弗雷多・柏拉圖（Vilfredo Pareto）提出柏拉圖效率概念，核心思想是，如果一個人能夠分配到的資源有限，提升一個因素的使用率，勢必定會犧牲另一樣東西，這中間就必須取捨；而柏拉圖效率指的就是在經濟利益分配上，最有效率的狀態。我們也可以把柏拉圖效率看作是具有連續性質的相當多個解，而這些解所構成的圖形區面，就稱為柏拉圖前緣。

的狀態。

如圖表 7-2 所示，比起柏拉圖前緣 ABC，柏拉圖前緣 DEF 是更有效率的投資組合。若將所有散戶的投資組合都如此設定，整個社會的柏拉圖效率就會增大。如圖表中所示，社會性柏拉圖效率所帶來的實惠和幸福，在柏拉圖前緣 DEF。

若透過 ESG 投資減少 ESG 風險、將報酬率拉得更高、增加永續性，那麼，所有人都能因為社會性柏拉圖效率增加，而變得更幸福。總歸一句，添加 ESG 標準的新三元投資組合模型 TPT，是一個凌駕於 MPT 之上的模型。

為了提高績效，報酬率、風險和 ESG 三個部分都不能少。我們不能單純比較有實踐和沒有實踐 ESG 之企業的績效，因為縱使 ESG 企業比非 ESG 企業報酬率低一些，ESG 企業對永續的貢獻仍較多，所以社會整體實現的社會性柏拉圖效率會更高。

由此，我們可以得出一個結論：散戶就算不特別犧牲風險和報酬，也有空間可以降低 ESG 風險。

02

不用擔心股市崩盤，
只要比別人都抱得久

最後，我想再總結一下 ESG 投資人的哲學。

首先，最重要的是，我們必須很清醒。雖然單純的用錢滾錢提高報酬、創造財富、為將來或退休生活做準備也很重要，但投資人不能一直停留在這個階段，必須再多跨出一步，改變看待投資的眼光。

我們在購買食物時，會避開垃圾食物，並仔細檢視食物是否過了有效期限；在選股時，我們一樣得這麼做，仔細觀察你的錢，是不是進了大麻、菸草、軍火商，或是賭場集團的口袋裡。

另外，ESG 投資人必須好好決定投資方向，在選股時，會選擇沒有汙點的公司，以及有確實遵循 ESG 標準的股票或ETF。比起追求暴利，他們更重視能否為全世界帶來利益。

澳洲有許多千禧世代的 ESG 投資者，他們為了追求永續成長、克服氣候危機，拒絕投資澳洲大企業，像是必和必拓或是力拓集團。不僅如此，他們也不會把資金注入這些礦產公司的銀行（如澳洲聯邦銀行〔Commonwealth Bank〕）。

這些散戶不會只為了現在的自己，還會為了社會以及自己的未來，思考自己的抉擇是否符合永續理念，以及是否能為社會帶

來正面影響。

他們會自問：我們投資的 ETF，真的能如我們所期待的那樣，既符合道德，又有永續性嗎？想知道某檔 ETF 是否優良，就必須付出更多時間和精力仔細研究。

韓國散戶都知道的 SPY，是在美國上市最久的 ETF，追蹤標普 500 指數。其管理資產金額最高，交易量排名也獨占鰲頭，但在 2020 年，SPY 的報酬率為 18%，若和太陽能 ETF TAN 208%的報酬率相比時，就顯得非常低。

除此之外，它在 2020 年還出現 293 億美元的資金外流，為什麼？雖然 SPY 是最大眾化的 ETF，但在標普 500 指數下的五百家企業中，就有至少 10%～15% 是石油、天然氣、化石燃料、武器、菸草、電玩、酒類、大麻、色情領域相關的企業，因為它包含罪惡股票，所以 ESG 投資人早已將這檔 ETF，從投資組合中排除。

再以 QQQ 為例，當 QQQ 的某間企業發生問題時，它無法將之排除在外，因此它最大的缺點就是在組合方式上較不靈活。但與 QQQ 不同的是，ESG ETF 使用 ESG 追蹤指數，預先排除有 ESG 風險問題的企業，因此散戶能事先避開 ESG 風險可能造成的損失。

再讓我們來看看其他例子。許多散戶只想著要獲得穩定的報酬，所以選擇投資高配息 ETF，美國知名的月配息 ETF 有 Invesco 標普 500 高股利低波動 ETF（SPHD，美國高配息，報酬率 4.82%）以及 Global X 超級高股利 ETF（SDIV，全球高配息，報酬率 8.34%）。

不過，這兩個高配息 ETF 的持有成分裡皆包含菸草、石油

和礦產公司。SPHD 持有跨國菸草公司奧馳亞（Altria）和世上
最大菸草公司菲利普莫里斯國際（Philip Morris International），
以及美國石油公司埃克森美孚等。

SDIV 則包含奧馳亞、必和必拓、力拓集團、南非鐵礦石油
公司昆巴（Kumba）等；而在澳洲，配息最高的 30 間企業中的
前 4 名，有 3 家是礦產公司——第 1 名是鐵礦石生產商福特斯庫
金屬集團（Fortescue Metals Group），第 2 名是必和必拓，第 3
名是澳洲聯邦銀行，第 4 名是力拓。

讓我們仔細檢視一下奧馳亞這支股票。許多專門投資美股的
散戶，認為最厲害的配息股，不是以高配息知名的 AT&T[7] 或埃
克森美孚，而是奧馳亞。這間公司五十年來持續提高配息，2020
年配息率為 18.53％、配息成長率為 10.4％，以這三個配息股必
備條件看來，奧馳亞的確是最好的配息股。

奧馳亞在其產業具有壟斷性，它的連續配息及好業績，吸引
許多追求穩定及高配息的散戶。

與奧馳亞產生對比的，是不僅配息高，同時確實執行社會責
任的企業，也就是在 1886 年成立之後，一直強調社會價值的：
嬌生。

嬌生是在二十五年間，持續提高配息的股息貴族（Dividend
Aristocrats）[8]。不僅如此，嬌生還協助員工戒菸，目前公司內吸
菸者減少了三分之二，多虧了這項政策，從 2002 年到 2008 年，

7　美國知名電信公司。

8　長期配發股利，且股利有長期增加的公司，就像股息中的貴族一樣，股
　　息派發歷史悠久且有信用。

嬌生省下 2.5 億美元的醫療管理成本，也就是說，投資到戒菸專案的成本，每 1 美元就幫嬌生省下 3 美元[9]。

基於這樣的成果，嬌生被美國《新聞週刊》（*Newsweek*）選為 2012 年最環保的企業第 3 名，而在 2021 年 3 月，也被選為美國環保企業第 10 名。嬌生清楚展現出，僱主與員工、生產者與消費者，要怎麼共享利益。

因此，我們必須自問，我們為什麼要投資罪惡股票？在選股時，投資人必須樹立自己的原則，然後仔細的檢視自己買入的股票。俗話說「魔鬼藏在細節裡」，想要正確投資遵循 ESG 標準的股票和 ETF，我們需要格外注意。

最後，比起抱著單純賺錢的慾望，散戶們應該抱持更大的野心；「野」一字有著田野、平原之意，蘊含著朝更廣闊的地方前進的涵意。ESG 將帶領我們走向更新的世界，不管用什麼方法，ESG 投資都將使世界變得更理想，而這就是人類可以抱持的投資野心。

投資還是投機？差在你有沒有長期抱緊

怎樣投資才符合 ESG 的價值？想獲取報酬、為社會創造效益，最重要的原則是長期投資。這是 ESG 投資的關鍵，若執著於短期利益、只追求收益性，那就不是投資，而是投機，而且這絕對不是健康的交易方式。

講到投機，你會想到什麼？希望股票在短期內大賺，不也是

---

9 Porter, M., & Kramer, M. January-February 2011. How to fix capitalism. Harvard Business Review, P.68.

投機的方式嗎？如果你覺得只要押了錢就能賺錢，這就跟危險的賭博沒兩樣。對散戶而言，焦急是大忌，所以我們不能只顧著炒短線。

從數據上看來，韓國人持股時間平均不超過六個月，但美國人的持股時間平均有六年到七年；更令人驚訝的是，東學螞蟻的持股時間平均只有一個月，這樣的事實，實在非常令人惋惜。

我們應該拋棄靠短期投資致富的妄想，因為身為散戶，我們無法控制的變數實在太多了，就算花費大量金錢和時間，努力找出下一次經濟停滯時機點，但景氣什麼時候會下滑，誰也無法準確預測。

光擔心景氣停滯或市場崩盤，你只會徒勞無功，因為世上沒有任何一個人可以預測短期股價會如何變動，因此我們更應該集中於基本面，買進優質 ESG ETF，並像每個月儲蓄一樣長期投資。

投資是一輩子的事，不能對於短期變動耿耿於懷，最重要的是去掌握股市動態。股市動態由長期的上漲和短期的變動組成，只要用正確的策略長期投資，不管面臨什麼危機，都能不被動搖、穩如泰山。散戶的優勢是我們只要願意，就可以等，因此，只要相信複利的力量，用十年、二十年的時間，長期留在市場，就能實現你的投資計畫。

不過，更嚴重的問題是，不是只有散戶執著於短期投資，我們期待企業發表好業績的同時，金融投資企業的執行長也會要求基金分析師在短期內做出績效，甚至有連續兩季績效都出現負值，就會被開除的情況。

這種現象會引發不少問題，我們若只關注每個季度的績效，

R&D 創新和 ESG 等需要時間的投資就變得更加困難。

巴菲特曾說：「與投資的相遇，並不是一晚的約會，而是和你愛的人延續一輩子的緣分，是長久的關係。若你無法持有一支股票超過十年，那就連十分鐘都不要擁有它。」

價值投資就像是在耕種農田，必須播種、澆水，然後等待。想看種子發芽，一直到收穫果實，就必須戰勝這之間的夏日炎氣與冬季寒流。好的紅酒不會在一天早晨就製成，我們也需要擁有農夫一般的毅力。

價值投資人，不會擇時進出市場

ESG 投資就是價值投資，而追求價值的人，不會隨意買賣股票，他們不會擇時（market timing）[10] 進出市場。雖然投資是為了獲利，但同時也是為了實現新的價值，我們應該以增加個人報酬和將社會共同價值最大化當成目標。

簡單來說，ESG 的重點在於我們投資到什麼地方。如果看到博奕、酒類、菸草、礦產公司股價很常上漲，就買入股票的話，這就不算價值投資。

永續成長、環保價值、人權勞動等社會價值，全都可以透過投資 ESG ETF 來追求，你可以投資在氣候變遷等環境議題中，創下模範績效的企業，或是僱用政策優良、公司治理等方面社會貢獻度高的企業，以及改善經營透明度的公司等。選擇性的買入環境、倫理、公司治理、社會價值高的股票，就能實現你的投資

10　在股市上漲時參與市場，股市下跌時離開市場。

哲學和價值。

與此同時，為了實現價值投資，企業的思維也需要不同的改變。公司必須領悟到，當他們以身作則、好好守護 ESG 價值時，收益性就會變高。

上一個世代的主力——嬰兒潮世代，他們享受工業化帶來的富足世代，不過，由於工業化的基礎燃料是化石燃料，該世代也可視為引發氣候危機的一代。如果想讓未來年輕一代的人，也能夠享有上一代的富足，就必須投資 ESG。減少碳排放量，是嬰兒潮世代可以為未來世代幫上忙的地方，而且只要投資再生能源，就能做到這件事。

想靠 ESG 穩利致富，你要有跑完全馬的覺悟

英文裡有個單字叫「恆毅力」（grit），這個單字就代表了投資人應當具備的品行。

2013 年，受美國前總統巴拉克·歐巴馬（Barack Obama）和比爾·蓋茲等世界級領導人高度讚賞的心理學者安琪拉·達克沃斯（Angela Duckworth），出版了一本暢銷作品，叫做《恆毅力》（Grit）。

這本書裡說到，那些克服失敗、逆境和低潮後取得傑出成就的人，他們的成功有共同的決定性因素，接著，她針對這些因素提出新的洞察。

這本書欲傳遞的核心訊息非常簡單，作者指出，在任何領域裡，能夠取得傑出成就的最大因素，不是智力、性格、財務水準或外貌，而是恆毅力。

恆毅力代表有熱情的毅力，也就是不因失敗而挫折，反而會

朝著自己想成就的目標，不斷持續前進的態度。

為了克服氣候危機，對進入數位文明的第四次工業革命做出貢獻，你有這份恆毅力，可以一起投資拯救地球的 ESG 嗎？恆毅力同時代表著勇氣，而擁有恆毅力的散戶，對自己的投資哲學抱持著堅定的意志，勇於實踐自我期許的倫理和社會價值。這是恆毅力的第一個意義。

第二個意義，是熱情。美國思想家拉爾夫·沃爾多·愛默生（Ralph Waldo Emerson）曾說：「沒有熱情，就不會有任何偉大的成就。」如果你的投資目標能和永續成長的前景結合起來，你也能擁有澆不熄的熱情。

最後，恆毅力的第三個意義，是毅力，也就是擁有戰勝任何逆境的心態。想要大幅獲利，你需要的不是小道消息；那些成功的投資人，都是擁有跑完全馬的覺悟，一直撐到最後的人。

投資這件事，起頭很容易，但是想好好完成，卻不是誰都能做得來的，不過，只有堅持到底，才能真正獲得成功。

最後，我希望本書讀者能夠抱持著堅定的價值、意志和熱情，朝十年以上的永續成長目標，堅持不懈的投資。

03

不斷創新的永續企業，
能免於擱淺

ESG 投資人，懂得根據時代潮流及現今世界趨勢買入不同標的。人類在燃燒化石燃料的過程中，造成全球暖化，導致我們面臨生態界被破壞、地球生命體瀕臨滅絕的巨大危機。

為了應對氣候危機，我們掀起一場革命，而這場革命將帶來有別於以往的未來文明。現在世界最大的潮流有三種，分別是化石燃料文明（產業）的終結、綠色新政時代的開始，以及第四次工業革命的到來。讓我們來仔細看看這三者的動向。

里夫金曾說，因各種核心產業（IT、電信、電力及電力公用事業、運輸物流、建築等）是奠基於生產自化石燃料的二次能源，而隨著產業轉型為使用再生能源，在 2023 年到 2030 年，化石燃料產業的崩盤將成為現實。因此，該產業達 100 兆美元的資產，很可能擱淺[11]。

特別是在太陽能與風能的價格下跌，比燃煤發電廠還要便宜的時候，再也無法營運的燃煤發電廠，將成為沒有用的資產；他說，燃煤發電廠和核能發電廠，預計將在 2028 年左右成為擱淺資產，這是我們必須解決的另一個問題。

在減少化石燃料、增加再生能源的過程中，我們還必須保護

即將面臨困境的產業人力，幫他們轉換工作崗位。擱淺產業是人類必須克服的問題之一，同時也是大轉型的契機。

各國訂立綠色新政，ESG 產業規模持續成長

接下來，就讓我們來看綠色新政。我們需要的綠色新政，是在建構新基礎建設的同時，針對處在擱淺危機的工作崗位，創造新的就業機會，強化社會安全網；同時，透過職業訓練等培訓，來輔助就業人口轉型至綠色產業。化石燃料的沒落，代表著綠色新政時代的到來，那麼，全世界能如何打開這個時代的大門呢？

世界主要國家正急邃投資綠色產業，包含韓國在內，全球有七十多個國家宣布將在 2050 年達到碳中和的目標。而為了在 2050 年後宣布後碳文明的到來，各國都在制訂應對氣候變遷的政策。

在碳排放量方面，在 2050 年，德國宣布碳排放量相較於 1990 年，將減少 80%～95%；英國則表示，碳排放量將比 1990 年減少 80%；法國則是減少為 2012 年的 50%。

目前全球碳排放比重達 15% 的美國，正以 2050 年達到淨零碳排為目標，完全轉型為潔淨能源經濟，藉此提高氣候災難的復原能力。

為此，美國將潔淨再生能源、智慧電網、建築能源效率[12]、潔淨能源製造業、永續農業和運輸系統改革當成主要政策，大力推動當中。拜登政府計畫將在今後四年內，投資 2 兆美元支援綠

11　Carbon Tracker Initiative,"Fossil Fuels Will Peak in the 2020s".
12　要求新建的建築必須符合能源效率基準。

色產業。

占全球碳排放量 15% 的歐洲，為了在 2050 年宣布碳中和，正在上調 2030 年與 2050 年的氣候目標，主要政策為實現環保能源、潔淨循環經濟、建構生物多樣性與無毒環境。為此，歐洲宣布未來十年內，將投資 1 兆歐元到綠色產業，這是在宣布 2020 年為後碳文明元年的同時，為了朝 2050 年的後碳文明前進，所邁出的第一步。

目前，碳排放比重達全球的 30%、為世界最大碳排放國的中國，則宣告將在 2060 年實現淨零碳排，新政目標包含改善環境與能源安全設定。為此，中國的主要新政政策有：減少煤炭使用及節約能源、擴大再生能源投資、構築電動車和環保相關基礎建設等，人們預期，中國在今後三十年內，將投資超過 100 兆人民幣（按：全書人民幣兌新臺幣之匯率，皆以臺灣銀行在 2022 年 5 月公告之均價 4.33 元為準，約新臺幣 433 兆元）來支援綠色產業。

主導 21 世紀的經濟變革：第四次工業革命

最後，讓我們來探討，在今後十年內將成為全球最大趨勢的第四次工業革命。其實，新冠疫情讓我們提前五年迎來第四次工業革命，比當初預期的還快。

基本上，其核心可以說是 AI、自動駕駛、機器人、次世代網際網路等各種發達之單項技術的大融合，數位科技、生物科技與線下技術融合成多樣型態，創造出新的附加價值。

另外一個主要的特點是速度，比方說，雖然現在看起來，第四次工業革命將是一個很長的過程，但是一旦上了軌道，就會以

非常快的速度前進。

規範第四次工業革命典範概念的里夫金表示，為了發生經濟上的變革，基本上必須備齊三個核心要素：傳播媒介、動力能源，及運輸機制。這三個要素彼此相互作用，將合為一個經濟體系來運作。

沒有傳播媒介，就無法管理經濟活動和社會生活；沒有動力能源，就無法提供經濟活動和社會生活動力；沒有運輸機制，經濟活動和社會生活也無法運轉。這三個要素，可說是社會整體的基礎設施。

而在這之中，破壞式創新是成長的核心，伍德就曾強調，聚焦於創新，ESG 將主導第四次工業革命。

以下為里夫金對於第四次工業革命的說明：「數位化通訊傳播網路與以太陽能及風力為動力的數位化再生能源網路，以及以綠色能源驅動的電力和燃料電池自動駕駛車輛構成的數位化運輸及物流網路，現在正在相互作用。它們的匯合，奠基於裝設在商用、住宅用、工業用建築及設施的物聯網平臺，而且這將主導21 世紀的社會和經濟變革。」

永續 ETF，是全球綠色產業的主要獲利方式

ESG 投資和綠色新政與第四次工業革命的關係在哪裡？答案再清楚不過，拉動第四次工業革命和綠色新政融合的三個創新力量，是再生能源。基於物聯網的傳播媒介創新，和利用綠色能源驅動自動駕駛運輸機制的創新力量，都來自再生能源。

為了融合第四次工業革命的數位新政和綠色新政，帶動破壞式創新，實現經濟革命，我們必須長期集中投資再生能源。

我再提出一個問題，為了對付氣候危機並完成第四次工業革命，具體來說，散戶又可以做什麼？我們可以利用投資 ESG ETF 做出貢獻。我認為，ESG ETF 型態的永續投資，將會成為培育全球綠色產業的主要工具。

貝萊德曾預期，從 2020 年開始，ESG ETF 將在往後十年出現驚人成長。根據其市場動向分析，永續投資的外匯交易基金資產，未來將從 2020 年的 250 億美元，增加到 2028 年的 4,000 億美元。

貝萊德已經轉向永續投資，而身為散戶的我們，則可以投資與再生能源相關的 ESG ETF。

藉由買入交易過程透明且成本低廉的 ESG ETF，我們可以同時成就綠色新政和第四次工業革命。想對克服氣候暖化做出貢獻，最好的方法就是永續投資。

現在，我們有低碳排、潔淨能源、太陽能等各式各樣的 ESG ETF 可以買入，而且這些都是實現碳中和、克服氣候變遷的永續標的。

除此之外，價格便宜、效率又高的再生能源，將大幅降低生產成本，減少企業的邊際成本（marginal cost）[13]，企業的獲利有望得到改善。

基於以上好處，成為能夠正確解讀時代潮流、迎來第四次工業革命的投資人，肯定也會讓自己的未來充滿優勢！

13　企業每生產多一個單位，需要額外支付的成本。

方舟投資的 ETF 概要

附錄圖表 1 　ARKK 前 20 名企業和投資比例

排名	企業名稱	持股比例（％）
1	特斯拉	9.37%
2	Roku	7.02%
3	Teladoc Health	5.12%
4	Square	4.73%
5	CRISPR Therapeutics	4.37%
6	Invitae	3.82%
7	Proto Labs	2.94%
8	百度	2.88%
9	Zillow	2.79%
10	Spotify	2.78%
11	騰訊	2.29%
12	純粹儲存	2.27%
13	PayPal	2.21%
14	Shopify	2.18%
15	拓維思特	2.12%
16	Zoom	2.08%
17	Twilio	2.07%
18	精密科學	2.04%
19	台積電	2.02%
20	DocuSign	1.91%
	前 20 名企業持股比重	**67.01%**

* 資料來源：ETF.com, 2021.02.02。

附錄圖表 2　ARKQ 前 20 名企業和投資比例

排名	企業名稱	持股比例（％）
1	特斯拉	10.97%
2	Materialise	5.20%
3	百度	4.42%
4	天寶導航	4.36%
5	迪爾公司	4.25%
6	京東	4.21%
7	克拉托斯公司	3.50%
8	字母控股 C	3.46%
9	Nano Dimension	3.44%
10	台積電	3.33%
11	銥衛星	2.92%
12	恩智浦半導體	2.92%
13	比亞迪	2.72%
14	維珍銀河	2.59%
15	小松製作所	2.57%
16	開拓重工	2.46%
17	Stratasys	2.30%
18	AeroVironment	2.28%
19	Workhorse	2.24%
20	新思科技	2.08%
	前 20 名企業持股比重	**72.22%**

* 資料來源：ETF.com, 2021.02.02。

附錄圖表 3　ARKW 前 20 名企業和投資比例

排名	企業名稱	持股比例（％）
1	特斯拉	9.50%
2	Teladoc Health	4.30%
3	Roku	4.09%
4	Square	3.89%
5	Grayscale Bitcoin Trust	3.71%
6	騰訊	3.59%
7	Spotify	2.91%
8	網飛	2.55%
9	Fastly	2.41%
10	純粹儲存	2.29%
11	聲網	2.11%
12	冬海集團	2.11%
13	Facebook	2.07%
14	洲際交易所集團	2.07%
15	PayPal	2.00%
16	Zoom	1.98%
17	Twilio	1.93%
18	虎牙直播	1.85%
19	Zillow	1.78%
20	Shopify	1.78%
	前 20 名企業持股比重	**58.92%**

* 資料來源：ETF.com, 2021.02.02。

附錄圖表 4　ARKG 前 20 名企業和投資比例

排名	企業名稱	持股比例（％）
1	Teladoc Health	7.97%
2	拓維思特	5.61%
3	太平洋生物科學公司	5.40%
4	精密科學	3.98%
5	再生元製藥	3.82%
6	CareDx	3.68%
7	羅氏控股	3.67%
8	CRISPR Therapeutics	3.53%
9	福泰製藥	3.44%
10	武田藥品工業	3.14%
11	Fate Therapeutics	3.12%
12	Iovance Biotherapeutics	3.06%
13	諾華	3.05%
14	Invitae	2.82%
15	Arcturus Therapeutics Holdings	2.63%
16	英賽德	2.45%
17	Personalis	2.39%
18	Ionis Pharmaceuticals	2.06%
19	Accolade	1.94%
20	純粹儲存	1.86%
	前 20 名企業持股比重	**69.62%**

* 資料來源：ETF.com, 2021.02.02。

附錄圖表 5　ARKF 前 20 名企業和投資比例

排名	企業名稱	持股比例（%）
1	Square	9.07%
2	騰訊	4.94%
3	Zillow	4.20%
4	自由市場	4.01%
5	洲際交易所集團	3.92%
6	Pinterest	3.79%
7	冬海集團	3.76%
8	PayPal	3.57%
9	Adyen	3.21%
10	阿里巴巴	3.06%
11	美團	2.84%
12	Silvergate Capital	2.79%
13	Twilio	2.57%
14	Ilika	2.54%
15	亞馬遜	2.48%
16	色拉布	2.42%
17	眾安保險	2.07%
18	DocuSign	2.26%
19	Z 控股	2.17%
20	蘋果	2.16%
	前 20 名企業持股比重	**67.83%**

* 資料來源：ETF.com, 2021.02.02。

附錄圖表 6　PRNT 前 20 名企業和投資比例

排名	企業名稱	持股比例（％）
1	埃克森美孚	7.79%
2	Stratasys	5.69%
3	3D Systems	5.62%
4	Proto Labs	4.97%
5	MGI	4.46%
6	雷尼紹	4.44%
7	PTC	4.40%
8	微軟	4.38%
9	Straumann	4.19%
10	HP	4.18%
11	SLM Solutions	4.17%
12	達梭系統	4.15%
13	Desktop Metal	4.07%
14	Materialise	4.02%
15	ANSYS	3.91%
16	天寶導航	3.86%
17	澳汰爾工程有限公司	3.73%
18	歐特克	3.59%
19	Hexagon AB	1.16%
20	艾利科技	1.14%
	前 20 名企業持股比重	**83.92%**

* 資料來源：ETF.com, 2021.02.02。

附錄圖表 7　IZRL 前 20 名企業和投資比例

排名	企業名稱	持股比例（%）
1	Gilat Satellite Networks	2.40%
2	Stratasys	2.37%
3	InterCure	2.30%
4	Nano-X Imaging	2.07%
5	Perion Network	2.03%
6	Ituran Location and Control	1.85%
7	UroGen Pharma	1.83%
8	Redhill Biopharma	1.83%
9	InMode	1.83%
10	CyberArk	1.82%
11	埃爾比特系統	1.81%
12	拉達電子工業	1.79%
13	Taro Pharmaceutical Industries	1.79%
14	Radware	1.78%
15	合作夥伴通訊公司	1.78%
16	Danel（Adir Yeoshua）Ltd	1.77%
17	梯瓦製藥	1.76%
18	ONE Software Technology	1.75%
19	Check Point 軟體技術有限公司	1.75%
20	Hilan	1.75%
	前 20 名企業持股比重	**38.06%**

* 資料來源：ETF.com, 2021.02.02。

附錄 A

ARKK 的持股組合

在前面的表格中，我整理了方舟投資 7 檔 ETF 的前 20 名企業比例，而接下來，我從 ARKK、ARKQ、ARKW、ARKG 與 ARKF 這 5 檔基金中，各挑出 10 間值得我們關注的企業，一一介紹[1]。

1. 特斯拉

美國上市公司，有 209 支在美國交易的 ETF 持有其股份，在美國 ETF 市場的股票約有 5,450 萬股。截至 2021 年 2 月，持有最多特斯拉股票的是擁有約 960 萬股的 QQQ。而值得投資者們注意的是，配置最多特斯拉股票的 ETF，是持股權重為 19.21％ 的 IYK。

美國 ETF 平均分配 2.83％ 的持股權重給特斯拉，代表特斯拉很受歡迎。持有特斯拉股票、在過去十二個月內績效最好的 ETF 是 PBW，報酬率為 223.83％（2021 年 2 月）。

1　附錄 A～E 的企業，因數據蒐集的時間差，與前面前 20 名企業名單不一致，附錄 A～E 參考 2021 年 4 月初的數據；由於方舟 ETF 是主動型基金，每檔 ETF 的前 5 名公司順序約隔兩、三週就會變動一次，前 20 名裡的企業更是經常變動。

2. Invitae

美國上市公司，有 57 支在美國交易的 ETF 持有其股份。在美國 ETF 市場的股票約有 3,370 萬股，持有最多該公司股票的 ETF 是 ARKK，約有 1,761 萬股。美國 ETF 平均分配 0.80% 的持股權重在 Invitae 的股票，持有 Invitae 股票、在過去十二個月內績效最好的 ETF 是 ARKG，該基金在 2021 年 1 月的報酬率為 200.9%。

ARKK 的持股，主要由製藥、生技、健康護理及醫療成分構成。

在製藥、生技和健康護理產業中，擁有基因相關技術的企業尤其較多，其中持股比重最高的成分就是 Invitae。Invitae 位於美國舊金山，提供基因檢測服務，透過基因檢測來預測罹患特定疾病的概率。公司營收在 2015 年不過才 840 萬美元，但 2018 年增加到 1.48 億美元、2020 年增加到了 2.17 億美元，公司正在迅速成長。

最近 Invitae 還表示將併購癌症基因檢測商 ArcherDX（於 2020 年 10 月正式併購），投入不少精力在提高公司技術能力和擴展事業領域上，也因此使這間公司的股價居高不下。Invitae 要併購 ArcherDX 的消息傳開之前，在 2020 年 6 月初到 6 月中旬，股價停留在每股 15～17 美元之間，消息傳出後，股價立刻暴漲，9 月 2 日的收盤價甚至來到每股 37.05 美元。

不過，有一點必須注意，那就是公司尚未轉虧為盈，2020 年公司淨損為 2.42 億美元，比營收還高。

3. Roku Inc. Class A

已在美國上市，有 105 支在美國交易的 ETF 持有其股份。在美國 ETF 市場的股票約有 970 萬股，持有最多該公司股票的 ETF 是 ARKK，約有 290 萬股。值得散戶關注的是，配置最多 Roku 股票的 ETF 是 ARKW，持股權重為 7.27%，至於美國 ETF 則平均分配 0.92% 的持股權重在 Roku 的股票上。持有 Roku 股票、在過去十二個月內績效最好的 ETF 是 ARKW，報酬率為 173.42%。

4. Square Inc. Class A

已在美國上市，有 141 支在美國交易的 ETF 持有其股份。在美國 ETF 市場的股票約有 2,150 萬股，持有最多該公司股票的 ETF 是 ARKK，約有 519 萬股。值得關注的是，配置最多 Square 股票的 ETF 是 ARKF，持股權重為 7.27%，至於美國 ETF 則平均分配 0.81% 的持股權重在 Square 的股票上。持有 Square 股票、在過去十二個月內績效最好的 ETF 是 ARKW，該基金在 2021 年 1 月 30 日的報酬率為 159.22%。

5. CRISPR Therapeutics

基因編輯公司，致力於研發針對人類重大疾病的基因改造藥品，該公司使用基因編輯技術 CRISPR 以及與 CRISPR 有關的蛋白 Cas9 來研發，有多種疾病領域治療計畫，包含血鐵沉積症、腫瘤學、再生醫學及罕見疾病。

6. Teladoc Health

已在美國上市，有 128 支在美國交易的 ETF 持有其股份。在美國 ETF 市場的股票約有 1,720 萬股，持有最多該公司股票的 ETF 是 ARKK，約有 489 萬股。值得注意的是，配置最多 Teladoc Health 股票的 ETF 是 ARKK，持股權重為 8.24％，而美國 ETF 則平均分配 0.81％ 的持股權重在 Teladoc Health 的股票上。持有 Teladoc Health 股票、在過去十二個月內績效最好的 ETF 是 ARKG，該基金在 2021 年 1 月 30 日的報酬率為 200.9％。

7. Proto Labs

已在美國上市，有 78 支在美國交易的 ETF 持有其股份。在美國 ETF 市場的股票約有 720 萬股，持有最多該公司股票的 ETF 是 ARKK，約有 275 萬股。值得關注的是，配置最多 Proto Labs 股票的 ETF 是 ARK 3D 列印 ETF（PRNT），截至 2021 年 2 月 2 日，PRNT 的持股權重為 4.97％，而美國 ETF 則平均分配 0.52％ 的持股權重在 Proto Labs 的股票上。持有 Proto Labs 股票、在過去十二個月內績效最好的 ETF 是 ARKK，該基金在 2021 年 1 月 30 日的報酬率為 171.22％。

8. Slack Technologies

已在美國上市，有 92 支在美國交易的 ETF 持有其股份。在美國 ETF 市場的股票約有 3,900 萬股，持有該公司股票最多的 ETF 是 ARKK，約有 1,313 萬股。值得關注的是，配置最多 Slack Technologies 股票的 ETF 是 Global X 教育 ETF（EDUT），

持股權重為 4.19％，而美國 ETF 則平均分配 0.47％ 的持股權重在其股票上。

持有該公司股票、在過去十二個月內績效最好的 ETF 是 ARKW，該基金在 2021 年 1 月 30 日的報酬率為 159.22％。

9. Zillow

已在美國上市，有 97 支在美國交易的 ETF 持有其股份。在美國 ETF 市場的股票約有 1,090 萬股，持有該公司股票最多的 ETF 是 ARKK，約有 330 萬股。美國 ETF 平均分配 0.51％ 的持股權重在 Zillow 的股票上。持有該公司股票、在過去十二個月內績效最好的 ETF 是 ARKW，該基金在 2021 年 1 月 30 日的報酬率為 159.22％。

10. 純粹儲存

已在美國上市，有 60 支在美國交易的 ETF 持有其股份。在美國 ETF 市場的股票約有 4,510 萬股，持有該公司股票最多的 ETF 是 ARKK，約有 1,720 萬股。

值得注意的是，配置最多該公司股票的 ETF 是 ARKW，在 2021 年 2 月 2 日，持股權重為 2.29％，而美國 ETF 平均分配 0.3％ 的持股權重在純粹儲存的股票上。持有該公司股票、在過去十二個月內績效最好的 ETF 是 ARKG，該基金在 2021 年 1 月 30 日的報酬率為 200.9％。

附錄 B

ARKQ 的持股組合

1. 特斯拉

請見附錄 A。

2. Materialise NV Sponsored ADR

美國上市 3D 列印公司，有 12 支在美國交易的 ETF 持有其股份。公司在美國 ETF 市場的股票約有 760 萬股，持有該公司股票最多的 ETF 是 ARKK，約有 550 萬股。值得留意的是，配置最多該公司股票的 ETF 是 ARKQ，在 2021 年 2 月 2 日，持股權重為 5.20%，而美國 ETF 則平均分配 1.69% 的持股權重在 Materialise 的股票上。

持有該公司股票、在過去十二個月內績效最好的 ETF 是 ARKK，ARKK 在 2021 年 1 月 30 日的報酬率為 171.22%。

3. 字母控股 C

美國上市公司，有 193 支在美國交易的 ETF 持有其股份。公司在美國 ETF 市場的股票約有 1,990 萬股，其中持有該公司股票最多的 ETF 是 SPY，約有 317 萬股。值得關注的是，配置最多該公司股票的 ETF 是 SPDR 通訊服務類股 ETF（XLC），持股權重為 12.30%，而美國 ETF 則平均分配 1.69% 的持股權重在

字母控股 C 的股票上。

持有字母控股 C 的股票、在過去十二個月內績效最好的 ETF 是 Direxion 每日三倍做多道瓊網路 ETF（WEBL），該基金的報酬率為 107.36%。

4. 2U

美國上市公司，有 65 支在美國交易的 ETF 持有其股份。公司在美國 ETF 市場的股票約有 1,830 萬股，持有該公司股票最多的 ETF 是 ARKK，約有 813 萬股。美國 ETF 平均分配 0.43% 的持股權重在 2U 的股票上。持有該公司股票、在過去十二個月內績效最好的 ETF 是 ARKW，ARKW 在 2021 年 1 月 30 日的報酬率為 159.22%。

2U 以線上授課平臺服務與 75 所大學締結夥伴關係，提供大約 135 個學位課程。2U 是疫情促使公司成長的例子之一，由於疫情的關係導致線下授課停擺，線上授課成為新的契機，公司業績迅速的成長，在 2020 年第 1 季營收增加了 44%、第 2 季營收增加了 35%。

該公司執行長奇普‧波塞克（Chip Paucek）曾解釋：「進入 2020 年，透過 2U 聽課的需求增加，而計畫提供線上教育課程的大學也遽增。」分析師傑佛瑞‧穆勒‧比爾德（Jeffrey Muller Beard）也曾表示：「在五年到十年後，考進名列前茅的大學，但只在線上聽課的學生數量將明顯增加，而 2U 就是此一趨勢的受益股之一。」

5. 迪爾公司

美國上市公司，有 159 支在美國交易的 ETF 持有其股份。公司在美國 ETF 市場的股票約有 1,740 萬股，持有該公司股票最多的 ETF 是 SPY，約有 338 萬股。值得留意的是，配置最多該公司股票的 ETF 是 iShares MSCI 全球農業生產商 ETF（VEGI），持股權重為 18.46％，而美國 ETF 則平均分配 0.76％ 的持股權重在這支股票上。

持有迪爾公司股票、在過去十二個月內績效最好的 ETF 是 ARKQ，ARKQ 在 2021 年 1 月 30 日的報酬率為 135.23％。

6. Proto Labs

請見附錄 A。

7. 天寶導航

美國上市公司，有 134 支在美國交易的 ETF 持有其股份。公司在美國 ETF 市場的股票約有 250 萬股，持有該公司股票最多的 ETF 是 iShares 核心標普中型股指數 ETF（IJH），約有 651 萬股。

值得關注的是，配置最多該公司股票的 ETF 是 UFO，持股權重為 4.95％，而美國 ETF 則平均分配 0.46％ 的持股權重在這支股票上。

持有天寶導航股票、在過去十二個月內績效最好的 ETF 是 ARKQ，ARKQ 在 2021 年 1 月 30 日的報酬率為 135.23％。

8. 京東商城 ADR [2]

中國電子商務公司，也有在那斯達克上市，有 100 支在美國交易的 ETF 持有其股份。公司在美國 ETF 市場的股票約有 4,720 萬股，持有該公司股票最多的 ETF 是 QQQ，有 1,053 萬股。

值得留意的是，配置最多該公司股票的 ETF 是 PGJ，持股權重為 8.05％，而美國 ETF 則平均分配 1.99％ 的持股權重在這支股票上。持有京東商城 ADR 的股票、過去十二個月內績效最好的 ETF 是 ARKW，該基金在 2021 年 1 月 30 日的報酬率為 159.22％。

9. 比亞迪

生產汽車、電池驅動式自行車、公車、堆高機、太陽能板、充電式電池（從再生能源大量儲存）、卡車等商品的中國製造企業。比亞迪設立於 1995 年 2 月，總部在中國深圳，旗下有比亞迪汽車和比亞迪電子兩間主要子公司。

10. 賽靈思（Xilinx）

美國上市公司，有 187 支在美國交易的 ETF 持有其股份。公司在美國 ETF 市場的股票約有 2,930 萬股，持有該公司股票最多的 ETF 是 QQQ，約有 280 萬股。值得關注的是，配置最多該公司股票的 ETF 是 IQ 併購套利 ETF（MNA），持股權重為

2　ADR 為美國存託憑證（American Depositary Receipt），非美國企業要在美國上市時，必須將股票委託美國存託機構發行，由存託機構以股票憑證的方式，用當地幣值計價出售；任何用 ADR 在美國上市的外國企業，股票名稱後面都會標示「ADR」。

5.54％，而美國所有 ETF，則平均分配 0.60％ 的持股權重在這支股票上。

持有賽靈思的股票、在過去十二個月內績效最好的 ETF 是 ProShares 三倍做多納斯達克指數 ETF（TQQQ），該基金的報酬率為 97.49％。

附錄 C

ARKW 的持股組合

1. 特斯拉

請見附錄 A。

2. Roku Inc. Class A

請見附錄 A。

3. Square Inc. Class A

請見附錄 A。

4. Teladoc Health

請見附錄 A。

5. 灰度比特幣信託

讓投資人能交易擁有大規模比特幣池信託股票的金融工具，雖然追蹤比特幣價格，但只是大概追蹤，灰度還提供其他追蹤以太坊（Ethereum）、比特幣現金（Bitcoin Cash）、萊特幣

（Litecoin）的交換交易商品[3]。

6. Spotify

美國上市公司，有 63 支在美國交易的 ETF 持有其股份。公司在美國 ETF 市場的股票約有 380 萬股，持有該公司股票最多的 ETF 是 ARKK，約有 123 萬股。

值得注意的是，配置最多該公司股票的 ETF 是 Global X 社群媒體 ETF（SOCL），持股權重為 4.38%，而美國 ETF 則平均分配 0.87% 的持股權重在這支股票上。

另外，Spotify 是主動型 ETF 和基本面指數 ETF 偏好的成分，而持有該公司股票、在過去十二個月內績效最好的 ETF 是 ARKW，於 2021 年 1 月 30 日，該基金的報酬率為 159.22%。

7. Slack Technologies

請見附錄 A。

8. 純粹儲存

請見附錄 A。

9. Pinterest

美國上市公司，有 99 支在美國交易的 ETF 持有其股份。這

3　金融工具間的互換，雙方約定在未來某一期限，相互交換各自持有的資產或現金流的交易形式，較常見的是外匯和利率的交換交易，多用於避險和投機的目的。

間公司在美國 ETF 市場的股票約有 3,020 萬股，持有最多該公司股票的 ETF 是 First Trust 道瓊國際網路 ETF（FDN），約有 499 萬股。

值得關注的是，配置最多該公司股票的 ETF 是 Renaissance IPO ETF（IPO），持股權重為 7.17%，而美國 ETF 則平均分配 1.01% 的持股權重在這支股票上。持有 Pinterest 股票、在過去十二個月內績效最好的 ETF 是 ARKW，在 2021 年 1 月 30 日，該基金的報酬率為 159.22%。

10. Twilio

提供雲端通信平臺服務，總部位於舊金山。透過 Twilio，軟體開發工程師可以使用 Web API[4]，寫程式來撥打或接收電話、簡訊，並執行其他通訊功能。

4　網頁伺服器或瀏覽器的應用程式介面。

附錄 D

ARKG 的持股組合

1. CRISPR Therapeutics
請見附錄 A。

2. Invitae
請見附錄 A。

3. 太平洋生物科學公司

美國上市公司，有 40 支在美國交易的 ETF 持有其股份。在美國 ETF 市場的股票約有 3,780 萬股，而持有最多該公司股票的 ETF 是 ARKG，約有 1,715 萬股。

值得關注的是，截至 2021 年 1 月 30 日，配置最多該公司股票的 ETF 是 ARKG，持股權重為 5.4％，而美國 ETF 則平均分配 0.67％ 的持股權重在這間公司的股票上。持有太平洋生物科學公司股票、在過去十二個月內績效最好的 ETF 是 ARKG，該基金在 2021 年 1 月 30 日的報酬率為 200.9％。

4. Arcturus Therapeutics Holdings

美國上市公司，有 35 支在美國交易的 ETF 持有其股份。在美國 ETF 市場的股票約有 590 萬股，而持有最多該公司股票的

ETF 是 ARKG，約有 350 萬股。

值得留意的是，截至 2021 年 1 月 30 日，配置最多該公司股票的 ETF 是 ARKG，持股權重為 2.63％，而美國 ETF 則平均分配 0.67％ 的持股權重在這間公司的股票上。持有 Arcturus 股票、在過去十二個月內績效最好的 ETF 是 ARKG，該基金在 2021 年 1 月30 日的報酬率為 200.9％。

5. 拓維思特

美國上市公司，有 53 支在美國交易的 ETF 持有其股份。公司在美國 ETF 市場的股票約有 730 萬股，持有最多該公司股票的 ETF 是 ARKK，約有 199 萬股。

值得注意的是，配置最多拓維思特的 ETF 是 ARKG，持股權重為 5.98％，美國 ETF 則平均分配 0.57％ 的持股權重在這間公司的股票上。持有拓維思特、在過去十二個月內績效最好的 ETF 是 ARKG，該基金在 2021 年 1 月 30 日的報酬率為 200.9％。

6. Teladoc Health

請見附錄 A。

7. CareDx

美國上市公司，有 43 支在美國交易的 ETF 持有其股份。公司在美國 ETF 市場的股票約有 650 萬股，持有最多該公司股票的 ETF 是 ARKG，約有 248 萬股。值得投資者們注意的是，配置最多該公司股票的 ETF 是 Invesco Dynamic 生技與基因體 ETF

（PBE），持股權重為 4.45%，美國 ETF 則平均分配 0.49% 的持股權重在這間公司股票上。

持有 CareDx、在過去十二個月內績效最好的 ETF 是 ARKG，該基金在 2021 年 1 月 30 日的報酬率為 200.9%。

8. 精密科學

美國上市公司，有 86 支在美國交易的 ETF 持有其股份。公司在美國 ETF 市場的股票約有 1,090 萬股，持有最多該公司股票的 ETF 是 ARKK，約有 175 萬股。

值得留意的是，配置最多該公司股票的 ETF 是 Direxion 落刀 ETF（NIFE），持股權重為 6.02%，美國 ETF 則平均分配 0.50% 的持股權重在這間公司股票上。持有精密科學、在過去十二個月內績效最好的 ETF 是 ARKG，該基金在 2021 年 1 月 30 日的報酬率為 200.9%。

9. Iovance Biotherapeutics

美國上市生物製藥公司，有 55 支在美國交易的 ETF 持有其股份。公司在美國 ETF 市場的股票約有 1,950 萬股，持有最多該公司股票的 ETF 是 ARKK，約有 655 萬股。

值得留意的是，配置最多該公司股票的 ETF 是 iShares 基因體學免疫學與醫療保健 ETF（IDNA），持股權重為 3.93%，美國 ETF 則平均分配 0.49% 的持股權重在這間公司股票上。持有 Iovance、在過去十二個月內績效最好的 ETF 是 ARKG，該基金在 2021 年 1 月 30 日的報酬率為 200.9%。

10. Personalis

美國上市癌症基因學研究公司，有 30 支在美國交易的 ETF 持有其股份。公司在美國 ETF 市場的股票約有 630 萬股，持有最多該公司股票的 ETF 是 ARKG，約有 443 萬股。

值得關注的是，ARKG 同時是配置該公司股票最多的 ETF，持股權重為 3.17％，美國 ETF 則平均分配 0.22％ 的持股權重在這間公司股票上。持有 Personalis、在過去十二個月內績效最好的 ETF 是 ARKG，該基金在 2021 年 1 月 30 日的報酬率為 200.9％。

附錄 E

ARKF 的持股組合

1. Square Inc. Class A

請見附錄 A。

2. Pinterest

請見附錄 C。

3. 自由市場（MELI）

　　美國上市線上商城公司，有 82 支在美國交易的 ETF 持有其股份。公司在美國 ETF 市場的股票約有 100 萬股，持有最多該公司股票的 ETF 是 QQQ，約有 57 萬 710 股。

　　值得關注的是，配置最多該公司股票的 ETF 是 iShares MSCI 阿根廷與全球風險 ETF（AGT），持股權重為 24.90％，美國 ETF 則平均分配 1.84％ 的持股權重在這間公司股票上。持有自由市場、在過去十二個月內績效最好的 ETF 是 ARKW，該基金在 2021 年 1 月 30 日的報酬率為 159.22％。

4. 洲際交易所集團

　　美國上市公司，有 185 支在美國交易的 ETF 持有其股份。公司在美國 ETF 市場的股票約有 3,890 萬股，持有最多該公司

股票的 ETF 是 SPY，約有 597 萬股。值得投資者們注意的是，配置最多該公司股票的 ETF 是 iShares 美國券商與交易所 ETF（IAI），持股權重為 4.22％，美國 ETF 則平均分配 0.51％ 的持股權重在這間公司股票上。

持有洲際交易所集團、在過去十二個月內績效最好的 ETF 是 ARKW，該基金在 2021 年 1 月 30 日的報酬率為 159.22％。

5. Zillow

請見附錄 A。

6. 騰訊控股

那斯達克上市公司，共有 6 支在美國交易的 ETF 持有其股份。公司在美國 ETF 市場的股票約有 340 萬股，持有最多該公司股票的 ETF 是 ARKK，約有 144 萬股。值得注意的是，配置最多該公司股票的 ETF 是 ARKF，持股權重為 3.80％，美國 ETF 則平均分配 1.84％ 的持股權重在這間公司股票上。

7. PayPal

美國上市公司，有 217 支在美國交易的 ETF 持有其股份。公司在美國 ETF 市場的股票約有 8,980 萬股，持有最多 PayPal 股票的 ETF 是 QQQ，約有 1,345 萬股。值得關注的是，配置最多該公司股票的 ETF 是 ETFMG 卓越移動支付 ETF（IPAY），持股權重為 5.71％，美國 ETF 則平均分配 1.26％ 的持股權重在這間公司股票上。

另外，持有 PayPal、在過去十二個月內績效最好的 ETF 是

ARKW，該基金在 2021 年 1 月 30 日的報酬率為 159.22％。

8. 冬海集團

美國上市公司，總部位於新加坡，有 30 支在美國交易的 ETF 持有其股份。公司在美國 ETF 市場的股票約有 230 萬股，持有最多該公司股票的 ETF 是 ARKW，約有 45 萬 5,720 股。

值得留意的是，配置最多該公司股票的 ETF 是 Global X 電玩與電競 ETF（HERO），持股權重為 8.58％，美國 ETF 則平均分配 2.50％ 的持股權重在這間公司股票上。持有冬海集團、在過去十二個月內績效最好的 ETF 是 ARKW，該基金在 2021 年 1 月 30 日的報酬率為 159.22％。

9. 阿里巴巴 ADR

那斯達克上市公司，有 111 支在美國交易的 ETF 持有其股份。公司在美國 ETF 市場的股票約有 6,200 萬股，持有最多該公司股票的 ETF 是 VWO，約有 1,640 股。值得留意的是，配置最多該公司股票的 ETF 是 Invesco BLDRS 新興市場 50 ADR 指數 ETF（ADRE），持股權重為 17.29％，美國 ETF 則平均分配 4.59％ 的持股權重在這間公司股票上。

持有阿里巴巴、在過去十二個月內績效最好的 ETF 是 ARKW，該基金在 2021 年 1 月 30 日的報酬率為 159.22％。

10. Adyen

支援電子商務、手機及門市 POS 機支付的荷蘭支付公司，該公司擁有超過 3,500 名的會員，在泛歐交易所（Euronext）上

市。Adyen 為商家提供線上服務，讓商家可以接受信用卡、簽帳金融卡等銀行支付，以及基於銀行匯款和網路銀行的即時匯款等方式的電子支付。

　　該公司的線上支付平臺連結全世界的支付方式，如國際信用卡、巴西本地 Boleto 的當地現金支付方式、荷蘭 iDEAL 的網銀支付方式等。該技術平臺還扮演支付閘道（payment gateway）、支付服務提供商的角色，提供風險管理和當地收單服務。

後記

價值投資的新方向

我二十幾歲的時候，咸錫憲還在世，他是一生皆為人權奮鬥的韓國運動家，同時是思想家兼詩人。遇見他，讓我激動的領悟到，一個人的自覺，可以如何用新的視角改變這個世界。

當時，還不像現在一樣可以用網路輕易與人連結，但我仍非常努力的追尋他的腳步，還會去聽他的課，而我在寫這本書的時候，似乎也找回了當時的那股熱情。

寫書的過程讓我領悟到，我必須用自己所學的金融專業知識做些什麼事情，由此，我認為應該告訴大家目前全球投資環境正在大幅變化，希望每位散戶都能主動覺察，並確實將自己的領悟化為行動。

「現在這個世界正走向哪裡？我們面臨著什麼問題？解決方法是什麼？你是誰？你能做什麼？」請先問自己這些問題。就像我在年輕的時候，發現的問題是韓國需要民主化，而現在，我意識到另一個問題，那就是全人類所面臨的氣候危機。

藉此，我讀到哲學家崔珍哲所著的《卓越思維的視野》，也聽了他的課，這在我寫這本書時，給了我莫大的靈感。

本書消化了尼采、咸錫憲與崔珍哲的知識，目的是向散戶提示價值投資的新方向，也就是 ESG ETF 投資。我相信，只要散戶能意識到 ESG 投資的重要性並付諸行動，就能在克服氣候危

機上扮演重大的角色。

　　幸運的是，目前全球 ESG ETF 投資環境，就像是一桌菜色多樣又健康的大餐，為我們提供可以獲利，又同時能幫助地球的投資機會。

　　在投資 ESG 的同時，我們每個人都必須用清醒且強烈的意志，成為主動思考這個時代的問題，並主動解決的投資人，而藉此，我們將能成為突破時代危機、目光卓越的散戶。

　　利用 ESG 革新，我們便能將地球、生活與未來的一代，從危機中解救出來。

致謝

　　本書受到很多人的幫助，其中我最想感謝平昌生態村的黃昌延神父，他在九年前，就已經事先察覺到氣候危機的狀況，出版了《北極熊！你要去哪裡？》一書，並舉辦多場演講，讓我對氣候危機有很大的領悟。

　　另外，我要感謝在澳洲蒙納許大學（Monash University）和我一起執行 ESG 相關國民年金計畫，讓我體悟到 ESG 重要性的各項計畫負責教授，還想向漢陽大學經營管理學系的吉在旭教授，和淑明女大經營管理學系的魏敬佑教授道謝。

　　感謝長久以來一同做研究的 KAIST（韓國科學技術院）金東錫教授與 KAIST 的優秀人才，以及夏威夷大學亞太金融市場研究中心所長 Ghon Rhee 教授，他們給了我寫這本書的契機。

　　另外，我還想感謝出版這本書的 IRE MEDIA 和幫助我的出版編輯團隊。最後，我想將本書獻給多次閱讀這本書的初稿、給予我回饋的妻子。

國家圖書館出版品預行編目（CIP）資料

穩利致富，投資 ESG：聯合國認證的最穩健獲利投
資指標，報酬率還贏台積電，績效最好的 ETF 大公
開。／印海旭著；林倫仔譯. -- 初版. --臺北市：大
是文化有限公司，2022.07
304 面；17×23 公分. --（Biz；396）
譯自：부의 기회, ESG에 투자하라
ISBN 978-626-7123-47-8（平裝）

1. CST：證券投資　2. CST：投資分析

563.53　　　　　　　　　　　　　　　111007123

Biz 396

穩利致富，投資 ESG

聯合國認證的最穩健獲利投資指標，
報酬率還贏台積電，績效最好的 ETF 大公開。

作　　　者／印海旭
譯　　　者／林倫仔
責任編輯／李芊芊
校對編輯／張慈婷
美術編輯／林彥君
副總編輯／顏惠君
總 編 輯／吳依瑋
發 行 人／徐仲秋
會計助理／李秀娟
會　　計／許鳳雪
版權經理／郝麗珍
行銷企劃／徐千晴
業務助理／李秀蕙
業務專員／馬絮盈、留婉茹
業務經理／林裕安
總 經 理／陳絜吾

出 版 者／大是文化有限公司
　　　　　臺北市 100 衡陽路 7 號 8 樓
　　　　　編輯部電話：（02）23757911
　　　　　購書相關資訊請洽：（02）23757911 分機 122
　　　　　24 小時讀者服務傳真：（02）23756999
　　　　　讀者服務E-mail：haom@ms28.hinet.net
郵政劃撥帳號／19983366　戶名／大是文化有限公司

法律顧問／永然聯合法律事務所
香港發行／豐達出版發行有限公司 Rich Publishing & Distribution Ltd
　　　　　香港柴灣永泰道 70 號柴灣工業城第 2 期 1805 室
　　　　　Unit 1805, Ph .2, Chai Wan Ind City, 70 Wing Tai Rd, Chai Wan, Hong Kong
　　　　　電話：21726513　傳真：21724355
　　　　　E-mail：cary@subseasy.com.hk

封面設計／林雯瑛
內頁排版／顏麟驊
印　　　刷／鴻霖印刷傳媒股份有限公司

初版日期／2022 年 7 月
定　　　價／新臺幣 490 元
I S B N／978-626-7123-47-8
電子書ISBN／9786267123669（PDF）
　　　　　　9786267123652（EPUB）

부의 기회, ESG에 투자하라
(Great Investments: How to get rich by investing in ESGs)
Copyright © 2021 by 인해욱 (In HAEUCK, 印海旭)
All rights reserved.
Complex Chinese Copyright © 2022 by Domain Publishing Company
Complex Chinese translation Copyright is arranged with IREMEDIA CO.,LTD through Eric Yang Agency

＊本書提供之方法與個股僅供參考，請讀者自行審慎評估投資風險。